성과를 내는
기술

국립중앙도서관 출판시도서목록(CIP)

성과를 내는 기술 / 김기남 지음. -- 서울 : 지식공간, 2010
p. ;   cm

ISBN 978-89-963482-1-4 03320 : ₩12800

기업 성과[企業成果]

325.04-KDC5
650.1-DDC21   CIP2010001027

하는 일마다 **결과**를 만들어내는
성공 리더의 **구체적**이고 **실천적**인 방법

성과를 내는 기술

김기남 지음

지식공간

하는 일마다 성과를 내는 비결

나는 가끔 기업체 강연에 나가면 먼저 이런 질문을 한다.

"지금 여러분 회사에 부족한 게 무엇입니까?"

성과를 내기 위해서 어떻게 해야 하느냐고 묻기 전에, 지금 당장 회사에서 일을 추진하는 데 부족한 게 무엇인지 찾아서 거기서부터 해결책을 탐색해 보자는 말이다.

1986년, 첫 직장에 입사한 직후이다. 전자사업부로 발령받은 나는, 신규 사업인 오디오 분야의 영업을 맡았다. 얼마 전 인수한 오디오 회사는 시장 점유율이 바닥이었다. 오죽했으면 대리점 직원이 I사와 L사의 카탈로그를 내밀면서 이렇게 만들어달라고 요청했겠는가?

그런데 대리점 직원의 지적은 정확했다. 우리에게 부족한 것이 무엇인지 잘 알려주었기 때문이다. 제품이 안 좋으니 안 팔리는 것은 당연하지 않겠는가.

나는 곧장 생산부로 달려갔다. I사처럼 명품 오디오 한번 만들어

봅시다! 그러나 돌아오는 답변은 이랬다.

"여기는 개발된 제품을 생산하는 곳이지 신제품을 개발하는 곳이 아니다. 개발부로 가보라."

아하! 그렇겠구나. 그래서 개발부로 달려갔다. L사처럼 근사한 오디오 한번 만들어봅시다. 그러나 돌아오는 답변은 또 이랬다.

"병원에 가면 내과, 외과가 따로 있지 않느냐. 우리 회사 개발부는 내과에 해당하고, 카탈로그와 같은 제품을 만드는 일은 외과에서 담당하는 일이다."

문외한인 나로서는 들을수록 답답했고, 서로 업무를 회피하는 모습이 보기 싫었다.

생각다 못해 경쟁사를 찾아갔다. 신제품을 만드는 데 내과, 외과가 있나요?

"우리 회사는 내과, 외과가 따로 있지 않습니다. 한곳에서 고객이 필요로 하는 신제품을 다양하게 개발하고 있습니다."

맞는 얘기다. 개발부에 웬 내과, 외과가 있겠는가!

그렇다면 이제 어떻게 해야 할까? 회사로 돌아가서 힘을 합쳐 만들어보자고 설득해야 하나?

아니다. 그때 내린 결론은, 우리 회사에는 기술자가 없다는 것이었다.

나는 그 길로 오디오업체를 다니면서 기술자들을 만났다. '우리 함께 1등 오디오 회사를 만들어봅시다.' 지금도 그렇지만 스카우트는 영업사원의 업무가 아니다. 그러나 나에게는 이 일이 당연히 내가 할 일처럼 느껴졌다. 성과를 내서 회사가 운영되도록 만드는 것이 목적이지 내 업무, 네 업무가 따로 있는 것은 아니지 않겠는가?

당시 내 손으로 스카우트한 사람이 40여명에 달했다. 물론 본사가 든든히 버티고 있었기에 가능한 일이었다. 그렇게 15년을 달려온 끝에 우리나라를 대표하는 오디오 회사로 성장했다.

필요는 발로 뛰는 과정에서 발생한다. 나는 책상에 앉아서 회사를 일으켰다는 얘기를 들어본 적이 없다. 필요한 것을 얻기 위해 애쓰다 보면 부족한 게 보이기 마련이고, 부족한 것을 메우다 보면 결국 필요한 것을 얻게 된다.

나는 17년간의 첫 직장 생활을 마감하고 S전자로 일터를 옮겼다. 이곳에서 3년 만에 신규 window사업 매출을 150억으로 끌어올리면서 튼실한 중소기업으로 만들었다. 그리고 5년 전에 현재 몸을 담고 있는 신생업체로 자리를 옮겨 커넥터 사업 시장개척을 성공적으로 일구었고 올해 매출 600억을 바라보는 등 중견기업으로 발돋움할 수 있는 기틀을 잡았다.

"우리나라처럼 중소기업을 경영하기 어려운 척박한 환경에서, 어떻게 다니는 회사마다 번듯하게 성공시킬 수 있습니까?"

이런 경력 때문이었을 것이다. 언제인가부터 주위에서 비결이 뭐냐며 질문하는 사람들이 늘었다. 그래서 시간이 날 때마다 내 생각을 하나씩 정리하기 시작했다.

여기서 한 가지 기술을 소개한다. 매출표 활용법이다. 회사마다 월별, 분기별 매출상황을 기록하는 매출표가 있을 것이다. 누군가에게는 이 표가 하찮은 종이 한 장에 불과할지 모르지만, 활용하기에 따라 실로 놀라운 기능이 숨어 있다.

나는 시행착오 끝에 종이 한 장으로 365일 매출 실적을 확인할 수 있는 '365일 매출표'를 만들어 하루도 빠지지 않고 점검하고 있다. 이 표 한 장으로 매출목표를 달성하는 데 있어 회사가 처한 모든 문제를 파악하고 이에 따른 해결방안을 마련한다. 기업은 매우 복잡한 조직체이다. 직원도 살펴야 하고, 거래처도 관리해야 하고, 현장도 점검해야 하고, 돈의 흐름도 체크해야 한다. 그런데 이 매출 실적표는 이처럼 복잡다단한 기업의 문제를 단일한 목표를 통해 바라보도록 도와준다. 매출 실적표에 최고 경영자부터 말단직원까지 어떻게 행동해야 하는지 지침이 담겨 있다고 해도 과언이 아니다. 매출

표의 활용법은 2장에 자세히 소개되어 있다.

이 외에도 회사의 각 분야에서 필요한 목표를 정하고 성과를 달성하기 위해 지난 25년간 시행착오 끝에 만들어진 몇 가지 툴과 활용 방법을 소개할 것이다. 물론 내가 공개하는 비법이 지금까지 없었던 것은 아니다. 기업에서 고민하는 내용이 엇비슷하므로 이미 나와 같은 방식을 활용하는 회사도 있을지 모른다. 다만 우리가 너무도 쉽게 간과하고 마는 이 툴의 의미를 되짚어보고자 한다. 나아가 이를 여러분 회사에 맞게 적용하여 성과를 내는 데 조금이라도 도움이 되었으면 한다.

누구나 알지만 아무나 할 수 없는 것

:

사실 나는 남보다 잘나지도 않았고, 남보다 많은 노하우를 갖고 있지도 못하다. 단지 지난 25년간 사람들로부터 배운 기업 경영의 기본을 철칙으로 여기며 업무에 임해왔다.

기본에 충실하지 못한 기업이 성과를 올렸다면 십중팔구 운이 작용한 결과이다. 한두 번은 운 좋게 성과를 올릴 수 있지만 지속적인 발전은 불가능하다.

　사람들은 종종 기본을 무시한 채 요령이나 비법 찾기에 급급하다. 대박을 꿈꾸고, 운이 찾아오길 기다린다. 그 사이, 정작 중요한 기본은 방치되고, 쓰레기통에 처박힌다.

　나는 앞으로 기업이 목표를 달성하는 데 필요한 기술에 대해서 하나씩 설명할 것이다. 어쩌면 여러분은 내 답변이 너무 평범하다고 여길지도 모른다.

　그러나 '너무 당연한 것 아니냐.'고 되묻지 말기 바란다. 기본은, 누구나 알 수는 있지만 아무나 실천하는 것은 아니다. 기본을 충실히 이행하는 과정에서 가치를 깨닫게 될 것이고, 그 사이 여러분은 점차 성과가 달성되는 모습을 지켜보게 될 것이다.

　이제, 하나씩 이야기를 풀어가도록 해보자.

2010년 4월　김기남

추천사1

사전을 보면 '성과'는 '이루어 낸 결실', '보람' 또는 '노력의 결과' 등으로 정의되어 있다.

노력을 통해 목표를 달성하고 이를 통해 성취감과 보람을 느낄 때 우리는 '성과가 있었다.'고 말한다.

농부가 봄에 씨앗을 뿌리고 땀 흘려 가꾼 끝에 누렇게 익은 알곡을 수확하는 것이 곧 성과라는 말이다.

세상은 급속도로 변화하고, 많은 기업들은 변화의 길목에서 명확한 방향을 찾지 못한 채 갈팡질팡한다.

이 가운데 소수의 기업만이 중장기 비전과 목표를 향해 순항하며 일류 기업으로 성장한다.

어떤 기업이 변화의 바람 앞에서도 흔들리지 않고 묵묵히 성과를 내며 일류 기업을 향해 나아가는 것일까.

첫째, 조직의 목표에 반응하는 조직원의 DNA가 남다른 기업.

이런 조직은 조직원 전체가 목표를 공유하며, 목표를 달성하기 위한 강력한 추진력과 신속한 실행력을 갖추었다.

둘째, 인재를 자산으로 여기는 기업.

이런 기업은, 책임감과 성실성을 겸비한 임직원을 회사의 자산으로 여기며 능력과 성과에 따라 보상함으로써 업무 효율성을 높인다.

셋째, 실패를 통해 배우는 기업.

무한한 도전 가운데 발생하는 시행착오를 소중히 여기며, 실패에서 배워 기어이 성공을 창출하는 기업이다.

넷째, 위의 세 가지 역량을 성과에 집중하는 기업.

생물이 영양분을 섭취하여 생명을 유지하듯, 기업은 성과를 먹으며 성장한다는 사실을 깨닫고, 전사적으로 기업의 목표, 기업의 성과에 집중하는 기업이다. 이런 기업은, 손에 잡히는 뚜렷한 성과물을 통해 보람을 느끼며 이 보람을 다시 재도약의 원동력으로 활용한다.

'기업 = 변화, 혁신'이 당연시될 만큼 기업의 변화는 너무나 보편적인 주장이 되었다. 너무 당연해서 그런가. 사람들은 종종 '왜 변해야 하는지'는 묻지 않고, 변하는 것 자체만을 당연시한다.

그러나 우리가 변화를 통해 추구하고자 하는 것이 불분명할 때 기업은 방향을 잃기 마련이다.

혁신과 변화의 목적은 '성과 창출'이다.

따라서 리더는 단순히 혁신과 변화만을 부르짖어서는 안 되며 성과를 창출하는 것이 목적임을 분명히 하고, 나아가 성과 창출의 주체가 직원이며, 직원을 통하여 성과를 도출하는 것이 리더십의 요체임을 명심해야 한다.

『성과를 내는 기술』은, 맹목적인 변화만을 내세우는 사람들에게 기업의 목표가 무엇인지 명확히 제시하며, 성과를 내기 위해서는 단순히 변하는 것이 능사가 아니라 전 직원이 목표에 집중해야 함을 역설한다.

이 책은 단순한 이론서가 아니다. 저자가 25년간 현장을 오가며 체득한 살아 있는 지식을 토대로 성과를 내는 리더의 역할, 목표 공유를 통한 성과 도출 방법, 조직원의 변화 기술, 경쟁력 있는 인재 육성 노하우, '현장에 문제도 있고 답도 있다.'는 3현(현장·현물·현상)주의를 중심으로 하는 현장 중심의 경영 철학, 상하좌우의 매트릭스적인 커뮤니케이션 스킬 등을 생동감 넘치고 생생하게 보여준다. 또한 부록 편에서는 인재 중심의 경영 철학 및 임직원을 고객과 같은 선상에서 바라보며 상호 신뢰를 구축하기 위한 방법도 제시한다.

나는 저자를 오랫동안 옆에서 지켜본 지인으로서, 그가 살아온 인생과 경험을 존경하던 터에 마침 『성과를 내는 기술』을 접하게 되니 그의 영혼과 경륜의 깊이를 느낄 수 있어 너무 기쁘고 반가웠다.

비록 세련되고 아름다운 글은 아닐지라도 그의 소중한 경험과 지식들이 독자에게 고스란히 전해져 성공하는 개인, 성공하는 기업으로 거듭나기를 간절히 기원한다.

이곳 중국에서 성공적인 한국기업의 위상을 만들기 위해 불철주야 노력하고 있는 고독한 나에게 이 책은 가뭄에 내리는 단비와도 같고 어둠 속을 밝히는 등대처럼 많은 가르침을 주었다.

이제 저자가 제시하는 성공적인 경영 원칙과 기술을 하나 둘씩 실행하면서 책이 전하는 메시지대로 성과의 목적지를 향해 묵묵히 달려가려 한다.

마지막으로 『성과를 내는 기술』을 읽게 될 모든 독자들에게 성공의 행운이 함께하기를 기원한다.

_강완모 삼성전자 중국 소주 LCD법인장 상무

S사의 서비스사업부에서 근무할 때 일이다. 당시 서비스사업부에는 개인별 사업부제라는 제도가 시행되고 있었다. 직원 각자가 매일 달성해야 하는 업무의 목표치를 정하고 그날 퇴근 전에 성과를 분석하여 목표 달성 여부를 점검한 뒤 다음 날 목표를 새로 설정하는 제도였다. 경영진에서는 목표 건수를 정해 놓으면 아무리 사소한 서비스 요청도 거절하지 않고 출장을 나갈 것이고, 그렇다면 서비스도 자연히 좋아져 고객의 신뢰를 높일 수 있다는 판단 아래 이 제도를 시행한 것으로 추측된다.

그런데 중간 관리자의 입장은 달랐다. 그들은 경영진의 의도보다는 눈앞의 목표 달성이 본인의 출세를 보장해주리라고 믿었다. 그러다 보니 서비스 요청이 없는 날은, 없는 건수를 만들어 오라며 부하직원들을 닦달했다. 한편 부하직원들은 목표 건수만 채우면 하루 업무가 끝나므로 가급적 어려운 일을 회피하고 쉬운 일만 맡으려 했다.

이렇게 몇 개월이 흐르다 보니 목표는 무난히 달성되었지만 고객의 불만이 높아져 소리 소문 없이 경쟁사에 밀리는 상황까지 이르렀다.

이는 기업 내 일부 조직 혹은 일부 조직원이 기업 전체의 목표에는 관심을 기울이지 않고 자기 목표 달성에 급급한 결과이다. 개인적인 목표를 아무리 잘 달성하더라도 기업의 목표가 흔들려서는 안 된다. 전투에서 수백 번 승리해도 전쟁에서 지면 소용이 없다.

이 책의 저자는 말단사원부터 현재의 위치에 이르기까지 사활을 건 기업 경쟁의 최전선에서 싸우면서 회사 경영의 정도를 체득하였고, 오늘도 소리 없이 그 길을 걷고 있다.

그는 『성과를 내는 기술』에서 성과 관리의 중요성과 이를 달성하기 위해서 부하직원들에게 목표를 어떻게 공유시켜야 하는지, 어떻게 이끌어야 자발적인 직원을 만들 수 있으며 협력하는 조직을 만들 수 있는지 자신의 경험담을 바탕으로 설명한다.

모든 일의 중심은 사람이다. 사람을 얼마나 진심으로 아끼며 사랑하느냐에 따라 인재(人材)도 되고, 인재(人災)도 된다고 저자는 역설한다.

인재(人材)란 리더가 그리는 큰 그림을 이해하고 그에 맞게 자신에게 주어진 목표를 향해 나아가는 자이다. 반면 리더의 의도를 파악하지 못하고 주어진 목표를 자기 멋대로 해석하고 처리할 때 인재(人災)가 발생한다.

이 책『성과를 내는 기술』을 통해 리더의 큰 그림을 이해하는 조직원은 어떻게 만드는지 그 체험담을 한번 경험해 보기 바란다.

본문 가운데 "겨울 퇴근시간에 영하 10도의 추위를 무릅쓰고 사당역 6번 출구에서 1시간을 기다린 적이 있다."는 문장을 읽고 며칠 전의 기억이 떠올랐다. 비바람이 몹시 불던 그날 밤, 저자는 왕복 10시간의 고된 길을 달려 문상을 다녀갔다. 그날 이 책을 받아 읽었는데 구구절절 일상의 궤적을 담은 것이기에 그 어떤 경영학 이론보다 진실하게 다가왔다.

특히 '1%의 가능성만 있어도 도전해야 한다.', '마지막 숨어 있는 1% 실패의 가능성에 대비해 마무리를 잘해야 한다.'는 내용을 읽으며 저자의 뜨겁게 타오르는 열정과 철두철미한 자세에 감화되었다. 이 책은 조직의 정점을 향해 한 걸음씩 나아가는 모든 직장인들에게 바이블이 될 것이다.

얼마 전 TV 방송에 외국 전문가들이 출연하여 한국 기업의 문제점을 지적하였다.

"한국 기업은 '빨리빨리'와 근면성을 기반으로 세계일류 기업에 근접했지만 상사가 원하는 사안에만 매달리는 기업문화로 인해 창의성이 가로막혀, 성장은 이제 한계에 다다랐다."

요컨대 한국 기업이 오늘날에 이른 것은 상사들의 노력이었으나 앞으로는 부하직원들의 발상이 무엇보다 중요하다는 얘기였다.

『성과를 내는 기술』은 강압적이고 일방적으로 지시만 내리는 상사, 이로 인해 수동적이고 비효율적으로 업무를 처리하는 부하에게 어떻게 해야 기업 성장의 열쇠인 성과를 극대화할 수 있는지 그 방향을 제시한다.

수십 년간 산업 현장에서 체득한 저자의 경험과 사람에 대한 철학이 담담하게 녹아 있는 책이다. 인재가 없다고 한탄하는 경영자와 취업을 준비하는 이들에게 선물하고 싶은 책이다.

1과 0.

컴퓨터는 모든 정보를 1과 0으로 표현한다. 여기서 1은 있다(on), 0은 없다(off)이다. 이 개념을 디지털이라고 한다. 이 근본적인 개념으로 세상의 모든 정보를 표현할 수 있다.

이 땅에 사는 사람들 모두가 추구하는 바가 있다. 그것은 바로 자신이 행하는 일에서 성과를 내는 일이다. 비즈니스 현장에서 생존하려면 성과 달성은 필수이다. 목표를 성취하여 성과를 내는 것은 1이요, 그렇지 않은 것은 0이다.

지난 20여 년간 기업을 운영하면서 수많은 아이디어, 회의, 문서, 제안서 등을 접했다. 그러나 이 모든 것이 성과로 나타나지 않으면 0의 정보에 불과하다는 사실을 절실히 깨달았다. 바로 이것을 1로 만드는 사람, 이 시대는 바로 그러한 사람을 요청하고 있다. 1은 프로의 언어요, 0은 아마추어의 언어이다.

이러한 관점에서, 저자는 프로이다. 그는 자신이 어디에 있든 항상 무(0)에서 유(1)를 창출한다. 『성과를 내는 기술』은 성과를 냈던 저자의 실제 경험을 토대로 저술된 책이다. 우리는 말이나 이론, 주장보다는 손에 쥘 수 있는 결과가 어떻게 탄생하는지 사실을 보고 싶어 한다.

저자가 직접 달성한 성과와 그의 성공 스토리는 독자들로 하여금 어렵고 모호한 이론을 버리고 열정을 갖도록 도와줄 것이다. 특히 2장에서 밝히는 매출실적표 사용지침을 함께 따라 하면 그동안 불가능하게만 보였던 성과가 가시화될 것이라 믿어 의심치 않는다.

21세기 들어서 안팎으로 '성과를 내야 한다.'는 목소리가 점점 커지고 있다. 이러한 시대의 요청에 따라 이 책이 성과를 원하는 모든 사람에게 훌륭한 지침서가 되리라 확신한다. 이 책을 읽는 독자 모두 반드시 1의 성과를 달성하기를 바란다. **_이명재 ㈜명정보기술 대표이사**

현장에서 기업을 경영해온 모범 경영자가 그간의 성과 달성 비법을 알기 쉽게 요약해 놓은 비밀노트를 엿보는 느낌이다.

성과를 올리기 위해서는 논리 정연한 경영이론보다는 바로 현장에 적용할 수 있는 검증된 노하우가 필요하다. 이런 노하우를 원하는 관리자나 경영자에게 이 책을 권한다. **_윤점홍 이화다이아몬드공업㈜ 상무**

기업은 사막에 던져진 한 마리 생명체이다. '부가가치'라는 오아시스를 찾지 못하면 열매 가득한 땅에 도달하기도 전에 뜨거운 태양 아래 힘을 잃고 쓰러져 버린다. 저자는 실제 성공담을 바탕으로 사막의 한가운데서 오아시스 찾는 법을 제시한다.

_이남규 LG전자 동경연구소 소장

진급을 해도 넓게 못 보거나, 진급과 동시에 과거의 어려움을 잊는 리더가 있다. 그러나 저자는 영업사원에서 시작하여 현직 부사장의 직위까지 오르면서 점점 넓어지고 깊어져 현장 장악력을 극대화시켰다. 『성과를 내는 기술』은, 기업이 처한 복잡한 문제들을 간단명료하게 핵심을 짚어간다. 그래서 평범한 듯하나, 가슴을 울리는 충고 하나하나가 현실감 있다. 책보다 좋은 스승은 없다. 이 책은 좋은 리더를 꿈꾸는 모든 이들에게 훌륭한 멘토가 되리라 생각한다.

_권인현 한국소니전자주식회사 총괄부장

회계라는 것이, 기업이 지나간 자리의 흔적을 밟아가는 일이라서 기업의 미래나 목표보다는 현재와 실적에 초점을 두기 마련이다. 이 책의 저자는 아는 것보다 실천을 중시한다. 아는 것은 머릿속에만 있지만 실천은 열매를 손에 쥐게 하기 때문이다.

　긍정적이고 실천적인 조직문화, 성과에 집중하는 조직문화로 바꾸기를 원하는 현장의 모든 리더에게 이 책은 눈앞에 그려지는 구체적인 방법을 제시한다. 　_김민섭 한울회계법인 부대표 공인회계사, 세무사이 책은 사람을 지극히 아끼고 사랑하는 마음으로 사람을 대할 때 지인을 귀인으로 변화시킬 수 있으며, 나아가 조직의 성과도 극대화 시킬 수 있음을 깨닫게 한다. 그리고 한여름의 태양처럼 열정적이고, 새옹지마의 노인처럼 긍정적이며, 강물을 거슬러 오르는 연어처럼 끈기 있게 노력하여 기필코 목표를 달성하는 저자의 모습이 고스란히 담겨 있다.

　조직을 통하여 성과를 거두는 데 관심이 있는 모든 사람에게 유익한 가르침을 줄 것이다.
_송병석 전자부품연구원 본부장

기술 향상이 필요한 것은 기계 설비뿐이 아니다. 성과를 내기 위해 분초를 다투는 조직의 활동에도 기술 향상은 절대적이다. 조직은 마치 하나의 기계와 같아 서로 맞물리며 돌아가기 때문이다. 이 책은 조직이라는 기계의 효율성을 극대화하기 위해서는 어떤 향상된 기술이 필요하며, 어떤 윤활유가 필요한지 설파한다.
_이승기 한국생산기술연구원 중소기업종합기술지원센터 센터장

진심으로 소통하고, 진심으로 매진하고, 진심으로 조직을 이끌고, 진심으로 목표를 추구하는 저자의 실천적 경영관리 기술이 진솔하게 표현된 책이다. 행복이란 저 멀리 있는 것이 아니라 지금 이 순간 최선을 다하는 삶 속에 녹아 있는 것이 아닌지 잠시 나를 돌이켜 보도록 만들어준 책이다.
_이영수 변호사

기업 사회든, 공직 사회든 조직에 몸을 담고 있는 리더라면 한번쯤 읽어야 할 좋은 책이다.

항상 변화하고 성장해야 하는 조직을 위해 관리자가 기본적으로 갖춰야 할, 정직하고 성실하게 실천해 나가는 기술이 담겨져 있다. 조직 운영의 실제적인 내용들을 고사와 경험, 사례 등을 통해 쉽게 설명하고 있어 단숨에 읽었다.

앞으로 직장과 사회생활을 하면서 참고해야 할 좋은 길잡이로, 항상 옆에 두어 마음의 파수꾼으로 삼으려 한다.

『성과를 내는 기술』은, 저자가 25년 동안 산업현장에서 실제로 겪고 느낀, −ing형 성과 관리 총괄 지침서로 산업 전 분야의 리더뿐 아니라 향후 리더를 목표로 노력하고 있는 분들에게 조직 경영의 정도를 접할 수 있는 좋은 안내서이다.

이 책은, 단순히 성과를 내는 기술에 그치지 않고, 그간의 경륜이 뚝뚝 묻어날 만큼 리더가 처하게 되는 제반 상황에 대해 세심하게 배려하여 독자로 하여금 혜안을 갖도록 도와준다.

권위보다는 겸손, 1%의 가능성을 바탕으로 최선을 다하는 자세, 그리고 윗사람부터의 솔선수범 등 이 책을 통해 제가 느끼고 배웠던 것처럼 많은 분들도 이 책의 주옥같은 지침들을 조직 운영, 나아가 인생의 길잡이로 삼기를 바란다.

목차

경영자는 유능한 인재를 스카우트하여 자사의 난관을 뚫으려는 경향이 있다.

물론 나 역시 직장생활 중에 많은 스카우트를 했다.

그러나 중소기업의 현실과 장기적인 회사의 발전을 고려한다면

스카우트보다는 경영자 자신이 먼저 인물이 되는 것이 순리가 아닐까 싶다.

도산 안창호 선생은 이런 말을 했다.

“인물이 없다, 없다 한탄하지 말고, 너 자신이 먼저 인물이 되어라.”

어려울 것 없다. 내가 했듯이 여러분도 분명 할 수 있을 것이다.

지금 당신 회사에 가장 필요한 사람은 제갈공명이 아니라,

제갈공명이 함께 일을 하고 싶어 하는 유비임을 명심하자.

당신이 먼저 유비가 되어 기본에 충실하다면 직원은 인재로 성장할 것이고,

성과는 그 뒤를 졸졸 따라올 것이다.

성과를 내는 리더

중국 당나라 시인 백거이가 하루는 조과도림 선사를 친견하고 질문
했다.

"불도(佛道)의 대의(大義)가 무엇인가요?"

도림 선사가 답했다.

"모든 악한 일을 멀리하고 선한 행위를 본받아서 실천하시게나."

백거이는 어이없다는 표정으로 되물었다.

"그건 일곱 살 어린아이도 압니다."

"일곱 살 어린아이도 알지만 80세 어르신도 제대로 실천하지 못한다네."

성과를 내는 리더는 아는 데서 그치지 않고 실천하는 사람이다.

1

나는
신뢰할 수 있는
사람인가

신뢰 점수를 높여라

"당신의 신뢰점수는 100점 만점에 몇 점입니까?"

면접을 볼 때 늘 던지는 질문이다. 여러분 각자도 답변해보기 바란다. 당신의 신뢰 점수는 몇 점인가?

면접생은 약간 망설이다가 입을 여는데 대개 80점이나 90점이라고 답변한다.

그러면 재차 묻는다.

"10점이나 20점만큼은 믿을 수 없다는 말입니까?"

그러면 대부분의 사람들은 당황한다.

물론 이 답변으로 당락을 결정하는 것은 아니다. 단지 무언가 느끼기를 바라는 마음에 던진 질문이었다. 리더가 스스로를 믿지 못하면 부하직원도 리더를 믿지 않는다.

귀담아 들을 설문 결과가 있다.

2008년 8월 13일, 매일경제신문은 한국 사회의 신뢰도를 조사하여 그 결과를 발표했다. 당시 여론조사기관은 엠브레인이었고, 이들은 월드 밸류 서베이(WVS : 세계 가치관 조사) 기준에 따라 설문을 진행했다. 질문은 이렇다. '다른 사람을 믿느냐?' 결과가 어땠을까? '믿는다'는 응답이 28.4%에 불과했다. 10명 중 7명은 남을 믿지 못한다는 말이다.

별로 충격적이지 않다고 생각한다면 이는 우리가 불신에 무감각해졌기 때문이다. 불신을 용납하고 있기 때문이다. 남을 속여도 어느 정도 용인이 된다고 여기기 때문이다.

이 조사 결과는 우리 사회의 평균치를 보여준다. 달리 말해 대부분의 직원들도 그렇게 느낀다는 말이다. 왜 부하직원들은 남을 믿지 못하게 된 것일까?

부하직원을 탓하기 전에, 그들이 보고 배우는 사람이 사회의 지도자, 기업의 상사임을 생각해 보자. 경영자든 팀장이든 리더가 모범을 보이지 못했기 때문에 이런 일이 벌어진 것은 아닌가?

면접자에게 신뢰 점수를 물었을 때는, 나부터 노력하겠다는 의미가 깔려 있다. 리더가 신뢰감을 주지 못하면서 부하직원에게 '신뢰 점수를 높여라.'고 요구하는 것은 어불성설이다.

"Think twice."

전 직장에서 팀장으로 근무하던 시절이다. 어느 날 아내가 자랑스러운 듯이 말했다.

"팀원 중에 A씨 있잖아요. A씨가 자기 부인에게 이런 말을 한 모양이에요. 우리 팀장님은 말과 행동이 똑같은 사람이라고."

신뢰를 얻으려면 말과 행동이 일치해야 한다. 허풍쟁이처럼 말만 내뱉고 실천하지 않는 사람은 누구에게도 신뢰를 주지 못한다.

믿음을 주기 위해서는 우선 능력도 출중해야 하지만, 무엇보다 자기 능력을 벗어난 말, 실천이 결여된 말을 해서는 안 된다.

"Think twice."

말하기 전에 두 번 생각하라는 뜻이다. 보통은 떠오르는 대로 말을 내뱉는다. 그러나 생각이 일어났을 때 곧장 내뱉지 말고, 과연 내가 실천할 수 있는 일인지 짚어봐야 한다. 불가능한 일이라면 입 밖에 내지 않는 것이 현명하다.

감추는 것이 없어야 한다

개인적으로 알고 있는 어느 노사장님은 성실하고 부지런하기로 업계에 소문이 자자하다. 그런 연유로 회사도 비교적 안정적이어서 불황의 한파에서도 큰 어려움 없이 잘 헤쳐 가셨다. 그런데 어느 해인가 이중장부를 사용한 적이 있는데 경리부장이 이를 악용해 자신에게 무리한 요구를 했다고 한다. 이중장부를 작성한 것이 잘한 일은 아니었지만, 이 노사장님은 배신감을 느낀 모양이었다. 잠시 흥분된 어조로 개탄을 하시다가 이내 냉정을 찾고 나에게 조언을 해주셨다.

"절대 부하직원에게 약점 잡힐 일은 하지 말라."

하루 정도 지각하거나 회사를 빠지는 일도 직원들에게 악영향을 끼칠 수 있는데 하물며 이와 같은 일이라면 두말할 것 없다.

그렇다면 약점을 잡히기 않기 위해서는 어떻게 해야 할까? 잘 감추어야 하나?

남에게 거리낄 것이 없다면 그것으로 충분하다. 보통 회계 감사를 나오면 긴장감이 감돌기 마련이다. 회계사는 회사의 장부를 속속들이 알고 있기 때문에 약점이라도 잡으면 목에 힘을 준다. 그러나 감사 눈치 볼 일이 무엇인가? 나도 잘못을 저지른다. 그러나 내 잘못은 계산을 잘못한 정도이다. 오히려 당당하다. 굳이 숨길 것도 없고, 숨길 필요도 없기 때문이다.

만일 회계사가 다녀가는데 경영자가 좌불안석 이리 뛰고 저리 뛰면서 '회계사님 잘 모셔라.'고 한다면 이는 삽시간에 회사 전체에 소문이 퍼질 것이 뻔하다. 눈치 빠른 직원들은 이 순간을 놓치지 않고 이상한 소문을 퍼뜨린다. 그 소문의 내용이 무엇이건 이미 신뢰는 돌이킬 수 없을 만큼 무너진 뒤이다.

불합리한 행동과 정당하지 못한 내용으로는 조직을 이끌 수 없다. 전 직원이 힘을 합쳐도 살아남기 힘든 무한경쟁 시대인데, 리더가 정당치 못한 지시를 내린다면 어떻게 직원들이 단합하겠는가?

조직을 이끄는 데는 지름길이 없다. 당장 돌아가는 한이 있더라도
바른 길을 걸어야 한다. 빨리 가겠다고 정도를 무시하면 그 사소한
잘못 하나가 훗날 큰 눈덩이가 되어 돌아온다.

사업의 운은, 사람에게 달렸다

오늘날과 같은 과학 경영의 시대도 없다. 그러나 여전히 운칠기삼(運七技三)
이니, 운칠복삼(運七福三)이니 하는 말이 돌고 돈다. 사업의 성패는 운과 기,
복에 달렸는데 공통적으로 운이 70%를 차지한다는 말이다.

이런 말이 시대를 초월하여 회자되는 이유는 과학적인 기법으로는 관리할
수 없는 것이 있기 때문이다. 똑같은 자원을 분배하여 똑같이 실행에 옮겼
는데 누구는 성공하고, 누구는 실패했다면 이 차이를 어떻게 설명할까?

운칠기삼이든, 운칠복삼이든 이를 경험해본 사람들은 운이 그저 찾아오는 것
이 아니라고 말한다. 운칠기삼과 운칠복삼의 차이는 일에 매진하느냐, 인간관
계에 매진하느냐의 차이이다. 주어진 일에서 최선을 다하면 운이 찾아온다는
것이 '운칠기삼'이요, 사람들에게 복 받을 일을 하면 운이 찾아온다는 것이
'운칠복삼'이다.

나는 '운칠복삼'의 경험자로서, 기술이나 재주는 기본이요, 나아가 남에게
덕을 베푸는 일이 얼마나 기업 운영에 도움이 되는지 절실히 느끼고 있다.
덕을 베풀면 사람들은 하나라도 더 내 입장에서 고민해주고, 내게 도움이
될 만한 이야기를 하려고 애를 쓴다. 옆에서 가볍게 챙겨주는 말 한마디, 아
이디어 한 가지가 사업 운세를 180° 바꾸기도 한다. 그래서 평소에 주위 사
람들에게 덕을 베풀라고 얘기한다.

대기업 퇴사 후 고생하는 중역 출신들을 종종 접한다. 대기업에 다닐 때만 해도 퇴사를 걱정하지 않는다. 자기 능력에 대한 믿음도 있고, 대기업 출신이라는 자신감도 충만하다. 그런데 막상 퇴사하면 생각만큼 만만한 세상이 아님을 깨닫는 데는 그렇게 오랜 시간이 걸리지 않는다. 이때 필요한 것이 주변의 도움이다. 이 시기를 위해서라도 평소 주위 사람들에게 따뜻한 마음을 베풀어야 한다.

리더는 누가 뭐래도 부하직원을 거느린 사람이다. 굳이 상사로서의 위치를 누리려고 노력할 필요가 없다. 그러므로 부하직원의 입장에서 살아가도록 노력해야 한다. 내가 머리 숙이고, 겸손해서 손해 볼 일은 없다. 말 한마디라도 따뜻하게 건네고 마음을 어루만져주고 덕을 베풀어야만 주위가 밝고 직장이 활기차고, 궁극적으로는 사회가 풍성해진다.

2

안되는
일이란 없다

집념은 기적을 낳는다

21세기에 '기적' 운운하는 것은 시대착오적인 발상 같으나, 기업에서 성과를 달성하는 일 역시 일종의 기적이라고 할 수 있다. 수많은 리더가 목표 달성을 꿈꾸고 최선을 다해 노력하지만 성공하는 사람은 드물지 않은가.

사람들은 어떻게 해야 성과를 달성할 수 있는지 묻는다. 이에 따른 비법도 많이 나와 있다. 그러나 나는 비법이 없다고 주장한다. 비법이 있다면 모두 성과를 달성해야 할 텐데, 왜 어떤 사람은 달성하고, 어떤 사람은 실패하는가?

나는 도리어 성과를 달성하는 것은 기적이라고 생각한다. 기적이란 무엇인가? 간절히 원하지만 불가능한 일을 달성했을 때 기적이라고 하지 않는가?

기적이란 설명이 불가능한 것이다. 상식적으로는 절대 이해가 안 된다. 예를 들어, 마라톤이 그렇다. 사람은 체력적 한계 때문에 42.195km를 뛸 수 없다. 과학자들은 마라톤은 사람이 할 수 있는 운동이 아니라고 말한다. 그러나 실제로는 많은 사람들이 마라톤을 완주한다.

마라톤을 설명할 때, 우리는 과학으로는 설명할 수 없는 '집념'을 꺼낼 수밖에 없다.

집념은 마라톤이 아니더라도 우리 주위에서도 종종 찾아볼 수 있다. 우리 어머니의 경우도 그렇다.

1998년 11월, 어머니는 서울 아산병원(당시 중앙병원)에서 식도암 판정을 받았다. 의사는 암의 지름이 8cm에 달하여 수술하면 5년, 약물 치료를 하면 1년 생존이 가능하다고 했다.

당시 아산병원에 근무하던 조카는 수술을 반대했다. 식도암 수술은 난이도가 높고 어머니가 70세의 고령이니 수술보다는 약물 치료가 더 적합하다는 생각이었다.

의견을 개진하는 것과, 결정을 내리는 것은 전혀 성질이 다른 일이다. 나는 어머니의 목숨을 걸고 둘 중 하나를 택해야 했다. 이 순간만큼은 최첨단 의료기술과 수십 년의 경력을 가진 의사도 아무런 도움이 되지 못했다. 의사는 딱 꼬집어서 하나의 길을 제시해주지 않았다.

누군가 나 대신 결정해주길 간절히 바라기도 했다. 며칠간의 고민 끝에 조카의 말을 따랐다.

아내와 제수씨가 교대로 병간호를 했고, 나는 안양에서 일을 마치면 곧장 병원으로 달려갔다. 차가 없는 나를 위해 회사 동료 직원들은 번갈아 문병을 가기로 했다며 매일같이 나를 차에 태워주었다. 그렇게 4개월간의 치료 과정이 끝난 뒤 다시 대구 영남대학병원으로 어머니를 모셨다.

만 1년이 경과했다. 하루는 의사가 가족들을 불렀다. 검사 결과 식도암 자체가 흔적도 없이 사라졌다고 말했다. 의사는 믿기 어려운 일이라고 했고, 친지와 동네 주민, 회사 직원들은 기적이라고 했다.

이 이야기를 하는 이유는, 그 이후의 사람들의 심리 변화를 말하기 위함이다. 그 전까지 우리가 믿었던 것은 오직 의사와 의료기술뿐이었다. 그러나 어머니의 쾌유를 지켜본 나는, 지극정성을 다한 병간호와 어머니의 낫겠다는 마음이 암을 이겨내게 만들었다고 믿게 되었다. 마찬가지로 친지와 동네 주민, 회사 직원들도 정성이면 하늘도 감동한다는 말을 믿게 되었다.

다시 한 번 강조하지만, 만일 당신이 기업의 성과를 달성하길 원한다면 당신의 집념부터 보여야 한다. 그 집념에서 기적이 탄생한다.

미리 한계를 긋지 마라

염구가 공자에게 물었다.

"스승님의 말씀을 듣노라면 참으로 기쁘기 그지없으나 그 말씀을 따르기에는 제가 힘이 모자랍니다."

그러자 공자가 대답했다.

"네가 힘이 부족한 사람이라고? 그것을 어찌 알지? 일단 해보고 난 뒤에 그쳤다면 힘이 모자라구나 하고 깨닫게 되지만 너는 해보지도 않고 스스로 한계를 긋는구나."

염구는 자기가 힘이 모자란 사람이라고 생각했고, 공자는 염구가 힘이 모자란 사람이 아니라 스스로 한계를 긋는 사람이라고 여겼다.

이 생각의 차이는 중요하다. 힘이 부족한지 아닌지는 젖 먹던 힘을 다해 역기를 들어본 뒤에야 알 수 있다. 그러나 스스로 한계를 긋는 사람은 역기만 보고도 지레 겁을 먹는다.

오늘날의 자기개발서는 새뮤얼 스마일스의 저작 『자조론』에서 출발한다. 이 책의 제목인 '자조'는 영어로 'self-help'로, 곧 '하늘은 스스로 돕는 자를 돕는다.'는 말에서 유래했다.

사람들은 능력과 운, 성공은 하늘에 달렸다고 생각한다. 그래서 모차르트를 질투하던 살리에르처럼 하늘이 내게 재능을 내리지 않았음을 한탄한다. 그런데 새뮤얼 스마일스는 산업 혁명 당시의 숱한 발명가와 장인들의 예를 들면서 '스스로 돕는 자'만이 하늘의 도움을 받을 수 있다고 피력한다. 능력은 하늘이 내린 것이 아니라 스스로 만든다는 말이다.

　기업의 중임을 맡고 있는 리더라면 스스로 한계를 그어서는 안 된다. 남들이 보기에 황당할 만큼 커다란 목표를 하나쯤 가슴에 품고 다니며 스스로 그 달성 방안을 모색해 보아야 한다.

1% 가능성에 도전하라

비즈니스를 하다 보면 처음 대면하는 얼굴이지만 왠지 불편하게 생각하거나 피하려고 하는 경우를 볼 수 있다. 그것은 내가 싫어서가 아니라, 그쪽에 말 못 할 사정이 있기 때문이다. 예를 들면 기존 거래선과의 관계, 자기 회사의 이해관계 등 여러 사정이 복잡하게 얽혀서 선뜻 답을 주지 못하는 경우가 허다하다.

　그럴 때 당신이라면 어떻게 하겠는가? '알겠습니다.' 하고 이대로 돌아설 것인가? 그러나 당신이 리더라면 1%의 가능성만 있어도 도전해야 한다.

　1996년 일이다. 어느 군부대에서 가요반주기 시스템을 대량으로 구입한다는 정보를 입수했다. 내용을 확인해보니, 그들이 원하는 제품의 사양은 따로 있었다. 말 그대로 '죄송합니다. 그런 제품은 없네요.' 하는 상황이었다.

　이런 일은 영업자라면 늘 겪는 일이다. 대부분은 고객이 찾는 물건이 없으면 돌려보내기 십상이다. 연필을 사러온 고객에게 볼펜을 팔

수는 없는 노릇이 아닌가?

그러나 '팔 수 없다.'고 생각하는 순간 가능성은 0%가 된다. 나는 1%의 가능성에 주목했다. 마니아 고객이라면 몰라도 일반 고객인 경우에는 더러 자신이 무엇을 원하는지 모르는 경우가 있다.

그 군부대 역시 비슷한 경우였다. 그래서 나는 방향을 선회하여, 우리 제품의 장점을 부각시키는 쪽으로 설득했다.

"옛날 노래 좋아하는 분이라면 괜찮지만, 가요반주기라는 것이 항상 최신곡을 수록해야 하지 않겠습니까? 지금 구입하시려는 컴퓨터 칩(chip) 시스템보다는 CDP 가요반주기 시스템이 신곡추가가 쉽다는 장점이 있습니다. 자고 일어나면 유행가가 바뀌는 세상인데 너무 번거롭지 않으시겠어요?"

한참을 듣던 담당자는 고개를 끄덕이더니 이내 밝은 표정으로 우리와 계약을 맺었다. 1%가 100%로 변하는 순간이었다.

야구라는 경기가 생긴 이래 이제까지 가장 많이 삼진아웃을 당한 선수는 다름 아닌 홈런왕 베이브 루스(Babe Ruth)이다. 그가 삼진을 두려워하여 움츠러들었다면 설령 삼진 개수는 줄었을지 몰라도 홈런왕은 어림도 없었을 것이다.

발명왕 에디슨 역시 전구 하나를 발명하기까지 1만 번이 넘는 실패를 경험했다. 하지만 그는 "1만 번의 실험은 결코 실패가 아니었다. 나는 단지 필라멘트로 적합하지 않은 1만 가지의 재료를 발견한 것뿐."이라고 말했다.

세계적인 컴퓨터 회사인 애플(Apple) 사에서는 실수를 저지르지 않는 직원이 오히려 꾸중을 듣는다고 한다. 실수가 없다는 말은, 곧 도전하지 않았다는 뜻으로 통하기 때문이다.

일본 소프트뱅크의 손정의 회장은 고등학생 시절 일본 맥도널드의 경영자인 후지타 덴을 어렵게 만나 성공에 대한 조언을 들으면서 IT 분야에서 창의적인 사업 성취를 이룰 수 있었다.

성공 가능성 1%란 어떤 의미인가? 한 번 시도했을 때 성공할 확률이 1/100이라는 뜻이다. 만일 100번 시도하면 확률은 어떻게 변할까? 답은 여러분이 알고 있다. 처음에는 1%에 불과하던 확률도 꾸준히 시도하는 가운데 100%에 이른다.

불가능하다고 생각하는 순간, 당신은 더 이상 리더가 아니다. 리더는 불가능하다는 생각을 버려야 한다. 꽁꽁 얼어붙은 땅을 뚫고 여린 싹이 돋아나듯, 불가능을 버리면 비로소 가능성이 피어난다. 0.001%라도 가능성이 있다면 시도해 보자. 분명 실패는 따르겠지만, 에디슨의 말처럼 우리는 실패가 아니라 그렇게 해서는 안 되는 방법을 발견한 것이다.

리더는 프로페셔널이 되어야 한다

짚신을 삼아서 파는 아버지와 아들이 있었다. 아들은 열과 성을 다해 아버지에게 짚신 삼는 기술을 전수받았다. 그런데 아버지가 삼은 짚신은 날개 돋친 듯 팔렸고, 아들이 삼은 짚신은 늘 재고가 남아돌았다.

아들은 답답했다. 아무리 비교해 보아도 두 짚신 사이에 무엇이 다른지 알 수 없었다. 그러나 자존심이 센 아들은 묵묵히 짚신만 삼으면서 무언가 다른 게 있을 것이라고 짐작할 뿐이었다. 그렇게 세월이 흘러 아버지가 세상을 떠나게 되었다. 아들이 어렵사리 입을 뗐다.

"아버지, 도대체 비결이 뭡니까?"

그러자 아버지가 말했다.

"얘야, 네 짚신은 이 아비가 보기에도 흠잡을 데 없이 잘 만들었다. 그런데 너는 짚신 삼는 데만 공을 들였지, 마무리에는 신경을 쓰지 않더구나. 기껏 잘 삼은 신도 다듬지 않으면 사람들로부터 외면을 받는 법이란다. 사람들이 네 신발의 진가를 알려면 일단 한번 신어봐야 할 텐데, 겉모양새가 그렇게 거칠어 보이니 누가 선뜻 네 신발을 사려고 하겠느냐. 앞으로는 짚신의 삐죽삐죽 튀어나온 곳을 말끔히 뽑도록 해라. 그게 내 짚신이 팔리는 유일한 비결이니라."

아버지는 짚신 삼고 남는 시간에 털을 뽑으면서 보기 좋은 짚신을 만들었고, 아들은 짚신만 잘 삼으면 끝이라고 생각했다.

핵심 인재를 스카우트하다 보면 다 되었다고 여기는 찰나, 수포로 돌아가는 경우가 있다. 첫 대면에서부터 업무에 대한 공감대가 형성되고, 연봉이나 근로 조건 등도 합의를 본다. 출근 날까지 받아놓고, 책상과 컴퓨터 따위를 갖추었는데 따르릉 전화벨이 울린다. '죄송합니다. 다른 회사에 들어가기로 했습니다.'

비즈니스에서도 종종 이런 일이 있다. 오더 받고, 심사 마치고, 공장 실사 끝나고, 계약까지 완료했으니 이제 납품만 하면 끝이구나 하면서 안심하는 찰나, 오더를 취소한다는 연락이 온다.

일을 하다보면 공정률 99%에 도달할 때가 온다. 그래서 모두 즐거워하고, 환호성을 지른다. 하지만 외부 환경이나 시장상황, 기타 여건에 따라서 일을 그르치는 경우가 생긴다. 도대체 이 1%는 어디에 숨어 있던 것일까?

숨어 있는 1%에 당해본 사람이라면 얼마나 허탈한지 잘 알 것이다. 그래서 나는 직원들에게 일이 완전히 끝날 때까지는 끝난 것이 아니니 절대 자만하지 말라고 누누이 강조한다. 사실 90% 정도 진척되다 보면 느슨해지기 쉽다. 그래서 짚신 삼는 이야기의 아들처럼 손을 놓고 있기 십상이다.

그러나 우리는 아버지가 되어야 한다. 마지막 숨어 있는 1%의 불가능성이 어떤 식으로 삐죽 튀어나올지 모를 일이다. 이를 미연에 막는 최선의 길은 팔릴 때까지 털을 다듬는 일뿐이다. 그것이 곧 프로페셔널이다.

3

언더스탠드 (understand) 하라

칼은 휘두르라고 있는 것이 아니다

『한비자』에 이런 이야기가 있다.

어느 식당 주인이 푸념을 늘어놓았다.

"우리 집 음식은 맛도 일품이고, 가격도 저렴한데 왜 파리만 날리고 있는지 모르겠어요."

이를 듣던 사람이 문 옆의 개를 가리켰다.

"저 개가 으르렁거리고 있는데 누가 이 식당을 찾겠습니까?"

세계 최고의 요리사가 상다리 부러지도록 산해진미를 차려놓아도, 사나운 개가 가게 문을 지키고 있으면 손님은 들지 않는다.

　마찬가지로 제아무리 실력이 출중한 리더라도 자신에게 주어진 권력을 마구 휘두르고 있으면 부하직원들이 다가서길 꺼린다.

　리더는 직원과 함께 호흡하면서 업무를 처리해야 하는데 직원이 다가서길 꺼린다면 일은 어떻게 될까? 선장이 고래고래 고함을 치면 선원들은 위축되기 마련이다. 위축된 상태에서는 시야가 좁아져 잘하던 일조차도 허둥대기 마련이다.

　시야가 좁아진 직원을 데리고 어떻게 함께 비전을 바라보며 미래를 꿈꿀 수 있겠는가?

　리더는 항시 부하직원과 소통할 준비가 되어 있어야 한다. 어떤 말을 해도 받아들여진다고 느낄 때 부하직원들도 비판적인 의견을 개진할 여지가 생긴다.

　정보로부터 차단된 리더에게 성과를 기대하기 어렵다.

　직원과의 소통을 위해 리더에게 가장 필요한 자질은 무엇일까?

　1965년부터 1995년까지 30년 동안 ‘포춘 500’에 이름을 올렸던 기업을 대상으로 어떤 기업이 장수하는지 조사한 적이 있다. 결과는 충격적이었다. 수천 개에 달하는 기업 가운데 불과 11개의 기업만이 기업의 성과를 획기적으로 개선하고 이를 30년 이상 지속시켰기 때문이다. 그런데 이 11개사의 리더는 모두 강력한 추진력의 소유자이면서 동시에 자기성찰을 할 줄 알고, 겸손한 인물이었다.

　이 가운데 내가 주목하는 키워드는 ‘겸손’이다. 겸손은 무작정 자기를 낮추는 것이 아니다. 이는 ‘겸손’이 아니라 ‘비굴’이다. 겸손은 당당한 가운데 자기를 낮추는 마음의 자세를 말한다. 매사에 당당하다면 일을 추진하는 데 거리낌이 없을 것이요, 자기를 낮출 수 있다면 항시 주위의 소리에 귀를 기울이면서 조직을 이끌어갈 것이다.

그런데 당당함은 갖추었으나 자신을 낮추지 못할 때 사람은 오만해진다. 오만한 자에게 권력까지 주어졌으니 그 얼마나 위태롭겠는가.

그렇다면 식당 앞을 지키고 있는 개를 치우는 게 능사일까? 개만 치우면 부하직원과의 소통이 원활해질까?

이빨 빠진 호랑이는 호랑이가 아니듯이, 힘없는 리더는 리더가 아니다. 그렇다면 힘을 갖고 있되, 함부로 휘두르지 않으려면 어떻게 해야 할까? 이에 대한 답을 나는 젊은 시절 어느 사장님께 들었다.

"칼은 칼집에 넣고 다녀야 한다. 칼을 뽑아서 손에 쥐고 다니면 남도 다치고, 자신도 다친다."

그 분은 아마도 젊은 나이에 승승장구하는 내가 혹시나 권력에 맛을 들이지 않을까 하고 걱정하셨던 모양이다.

흔히 칼은 뽑아서 휘두르는 물건쯤으로 여긴다. 그러나 권력은 절대 휘두르라고 있는 것이 아니다. 허리에 차고 다니기만 해도 충분히 영향력을 행사한다. 보기만 해도 무시무시한데 이를 휘두르기까지 한다면 과연 누가 마음을 열고 다가오겠는가.

멘토를 찾아라

칼에 대한 교훈을 들려주신 그 사장님을 나는 멘토로 삼고 있다. 그

분은 평소 좋은 말씀을 들려주실 뿐 아니라 경영에 보탬이 될 것이라며 몇 권의 책도 권해주셨다. 『탈무드』, 『효경』, 『한비자』와 같이 귀감으로 삼을 만한 고전이었다.

멘토가 필요한 것은 부하직원만이 아니다. 오히려 리더는 자기 위에 아무도 없기 때문에 문제가 생겨도 의논할 사람이 없고, 교만에 빠져도 충고해줄 사람이 없다. 특히 경영자는 눈앞의 실적에 일희일비하기 때문에 경영 전반을 놓고 길게 바라보기 어려운데 이때 평소 존경하는 멘토가 있다면 큰 도움이 된다.

물론 멘토에게 경영 비법을 기대해서는 곤란하다. 대신 멘토는 넓고 길게 보는 안목을 갖도록 도와준다.

지금 와서 돌이켜 보면, 나 역시 그 사장님을 통해 리더의 훈련을 받은 셈이다. 지금도 기억나는 말씀이 있다.

"상대방이 나를 이해하게 하려면 내가 언더스탠드(understand)해야 한다."

영어 understand는 under(아래)와 stand(서다)의 복합어이다. 상대보다 밑에 서라는 뜻이다.

이 말씀은 음미할수록 깊은 맛이 우러난다. 우리는 상대방이 나를 이해해주길 바란다. 그러나 이 문장에는 '겸손하라, 몸을 낮춰라'라는 대안밖에 없다. 몸을 낮추면 상대가 나를 이해해줄까? 아니다. 몸을 낮춘 결과, 나는 예전보다 상대를 잘 이해하게 되고, 무작정 상대가 나를 이해해주길 바라던 것이 잘못이었음을 깨닫게 된다.

즉 남이 나를 알아주지 않는다고 성내지 말고, 내가 남을 알아보지 못할까 두려워하라는 옛 말씀 그대로이다.

"규칙적인 생활을 해야 동료 및 부하직원에게 모범이 된다. 사람이 살다보면 작심삼일(作心三日)로 끝나는 경우가 많은데, 한번 마음먹은 것은 끝까지 가야 한다."

이 말씀은 참으로 평범하여 마치 물맛과 같다. 맛으로 치자면 콜라나 커피만큼 혀끝을 즐겁게 하는 게 또 있을까. 그러나 물에는 무미(無味), 즉 아무리 먹어도 질리지 않는 특별한 맛이 있다.

마치 이 물맛처럼 '규칙적인 생활을 하라.'는 말 역시 무미건조하나 만일 실천할 수 있다면 이보다 강력한 힘을 발휘하는 것도 없다. 나는 지금도 6시 30분 정각에 출근한다. 이런 습관을 유지할 수 있는 비결이라면 역시 멘토의 말씀을 가슴 깊이 새긴 까닭이다.

좋은 말씀을 들려주지 못하는 멘토도 좋다. 그 분만 생각하면 가슴이 뜨끔하여 허리를 곧추 세우게 되는 사람이 있다면 이미 당신에게 겸손을 가르치는 멘토이다.

만나는 모든 사람에게 배워라

"만나는 모든 사람에게서 배울 수 있는 사람이 이 세상에서 가장 현명한 사람이다."

_탈무드

리더는 종종 자신의 위치 때문에 사람들을 가르치려는 경향이 있다. 그러나 남에게 배울 자세를 갖추지 못한 사람은 리더의 자격이 없다.

자신이 배움을 즐기는 사람인지, 남을 가르치려는 사람인지 알고 싶다면 영화 한 편을 보고 감상평을 해보기 바란다.

재미있다거나 지루했다고 답변하는 사람은 솔직한 사람이요, 영화에 담긴 의미가 무엇인지 찾는 사람은 배운 게 있다고 아는 척하는 사람이요, 그 장면이 마음에 드니 안 드니, 감독이 어떠니 저떠니 하면서 품평을 늘어놓는 사람은 오만한 사람이다.

당신은 어떤 부류의 사람인가? 만일 품평을 늘어놓길 좋아하는 사람이라면 당신은 리더로서 부적합하다.

여러분도 경험했겠지만 직원들을 교육시키다 보면 종종 마지막 부류의 사람들을 만난다. 그런 부하직원을 볼 때마다 화가 나지 않았는가? 교육을 시키는 이유는 하나라도 더 배우라는 것인데 배우기는커녕 강사나 교육내용을 평가하기 바쁘다면 화가 나는 것도 당연하다.

그러나 화를 내기 전에 자신부터 돌아보자. 배움에 있어서 부하직원과 리더가 따로 있는가? 대개 리더들은 배울 만큼 배웠고, 익힐 만큼 익혔다고 자부하므로 배우려는 자세보다는 판단하려는 자세를 갖기 쉽다. 부하직원 앞에서는 차마 모른다고 말하기 싫어하고, 상대에게 약점 잡히기 싫어한다. 그래서 있는 척, 아는 척, 가진 척하면서 자신을 위장한다. '나는 모자란 사람'이라는 생각이 없으므로 공연한 자존심으로 똘똘 뭉치게 되고, 그 결과 사람들로부터 고립된다.

리더의 고립은 스스로 자초한 부분이 있다. 특히 경영자의 경우 사업이 실패로 돌아가면 주변의 시선을 견디지 못하고 목숨을 끊기도 한다.

일본의 대형 제약회사인 호탄(寶丹)의 초대사장 모리다 지헤이에(守田 治兵衛)도 그런 경우였다. 그는 사업이 실패로 돌아가자 여관을 전전하며 자살할 장소를 물색했다. 그런데 그가 마지막으로 찾은 여관의 붙박이장에 이런 글귀가 붙어 있었다.

"우리 모두 벌거숭이로 왔거늘, 부족한 것이 무엇이냐!"

일본의 고승 이큐(一休) 선사의 짧은 한마디. 모리다는 그 글귀를 읽는 순간 전율을 느꼈다. 스스로에게 이처럼 막대한 짐을 지게 하고, 이 모든 일을 나 혼자 책임져야 한다는 그 생각이 얼마나 어리석은 생각이었는지 깨닫고, 절망의 늪에서 걸어 나온 것이다.

'그래, 나도 다른 사람들처럼 실수도 하고, 잘못도 저지르는 평범한 사람이 아닌가?'

리더는 모든 점에서 부하직원보다 나아야 한다고 믿는 경향이 있다. 그러다 보니 배우기를 싫어하고 가르치려고 든다. 그러나 이큐 선사의 말처럼 우리는 옷을 벗으면 다 똑같은 벌거숭이이다. 명함과 직책을 내려놓고 다시 초심으로 돌아가야 한다.

옛날 중국의 우왕은 바른 말씀을 들으면 그 자리에서 일어나 절을 했다고 한다. 국가 최고의 권력자가 친히 일어나서 '가르쳐주셔서 고맙습니다.' 하고 자신에게 가르침을 베푼 자에게 감사의 예를 표한다.

우리 모두는 리더가 되기 위해 열심히 배우고 익혔다. 그렇게 배우고 익힌 덕분에 리더가 되었는데 왜 리더가 된 후에는 배우기를 꺼려하는가?

4

올바른 잣대를 가졌는가

회사 일에 사심을 개입시키면 안 된다

:

세상에는 두 가지 무서운 말이 있다. 하나는 힘에 의존한 협박이고, 다른 하나는 누가 보더라도 공평무사한 말이다. 협박은 모든 사람들을 바들바들 떨게 만들지만 사리에 맞는 말은 잘못을 저지른 사람만 떨게 만든다.

바른 잣대에 의존하여 직원을 관리할 때 인사가 공평하다고 한다. 인사를 공평히 하기 위해서는 어떻게 해야 할까? 모든 직원을 평등하게 대우해야 하는가? 아니다. 잘한 사람에게는 상을 주고, 잘못한 사람에게는 채찍을 주되 결코 사심이 개입해서는 안 된다. 만일 조금이라도 사심이 섞이게 되면 자기만 불이익을 받고 있다는 오해를 살 수 있다.

리더도 사람이므로 좋은 게 있고, 싫은 게 있기 마련이다. 그런데 이런 개인적 감정이 직원을 대할 때 드러나면 어떻게 될까?

예전 직장에 근무할 때이다. 당시 나는 매출실적과 수금 문제로 항상 골머리를 앓았다. 특히 200여 곳에 달하는 대리점 유통망을 보유하고 있었기 때문에 대리점의 부실화를 막고 부도가 발생하지 않도록 신경을 써야 했다.

그런데 일부 간부들이 관리직 직원에게는 호의적이면서 현장을 오가는 영업실무자는 차갑게 대하는 경우가 종종 있었다. 그들도 사람이므로 그럴 수 있다는 점은 십분 감안하지만 이곳은 일반 사회가 아니라 직장이 아닌가? 개인적인 호불호를 앞세우면 기업의 목적도 흐릿해지고, 나아가 담당자의 사기도 꺾이기 마련이다.

『한비자』에 나오는 얘기이다.

하루는 진나라의 중공이 조무도를 불러 인사 문제를 의논했다.

"중모는 우리나라의 요충지입니다. 과연 누구에게 맡기면 좋겠습니까?"

그러자 조무도가 답했다.

"형백의 아들이 적격입니다."

중공이 깜짝 놀랐다.

"아니, 형백이라면 그대의 원수가 아니요?"

"개인적인 원한 때문에 나랏일을 망칠 수야 없지 않겠습니까?"

"듣고 보니 그렇구료. 그렇다면 중부의 장관에는 누가 적격이겠습니까?"

그러자 조무도가 답했다.

"제 아들이 딱입니다."

이처럼 공사의 구분이란 결코 쉬운 일이 아니다. 리더는 항시 사사로운 감정으로 일을 망칠 수 있음을 명심하고 허리를 곧추 세워야 한다.

문제 해결은 회사의 이익을 기준선으로 하라

개인의 사사로운 감정이 회사 업무에 영향을 끼칠 때 회사는 위태로워진다. 만일 자신이 공정하게 일 처리를 하고 있는지 판단이 서지 않으면 무엇이 회사의 이익이 되는지 생각해 보아야 한다.

전 직장에서 있었던 일이다. 당시 내가 맡은 일은 CDG 가라오케에 점수기 기능을 포함시키는 일이었는데 이는 세계에서 처음 시도하는 것이었다. 당시까지는 노래방용 가요반주기에서만 점수가 나오고, 가정용 CDG 가라오케에서는 점수 기능이 없었다. 만일 CDG 가라오케에 점수 기능을 포함시키면 경쟁력이 높아질 것이라고 판단하여 추진된 프로젝트였다.

우리가 택한 방식은 아웃소싱이었다. 외부업체에서 점수기 보드를 도입하여 오디오 시스템(Audio system)에 접목시켜 제품을 출시하자는 것이 골자. 그런데 점수기 보드와 오디오 시스템은 따로 실험하면 정상 작동했는데 연결만 시키면 오류가 발생했다. 예를 들면 '만남'을 선곡하고 '송아지'를 불러도 90점이 넘는 식이었다.

그런데 문제는 다른 곳에서 터졌다. 개발부의 어느 간부가 점수 기능에 오류가 있다면서 곳곳에 소문을 뿌리고 다녔다. 내용인즉, 내가 일을 무리하게 진행하는 바람에 막대한 투자비용을 날리게 되었다는 것이다. 그 간부가 나를 못마땅하게 여긴 가장 큰 이유는, 아이디어의 시발점이 그 간부가 속한 연구팀이 아니라 나였기 때문이고, 또 개발팀의 제품이 아닌 다른 회사의 제품을 썼기 때문이다.

원인은 곧 밝혀졌다. 90점 이상이 나오면 팡파르가 울리도록 만든 프로그램 자체는 문제가 없었다. 그런데 개발부 직원이 정전기 시험을 통과하기 위해서 그라운드 처리를 잘못하는 바람에 점수 기능에 오류가 발생했던 것. 곧 오류를 바로잡았으며, 제품은 이상 없이 출시되었다. 얼마 뒤 정리회의를 할 때 그 간부에게 물었다.

"당시 점수기 기능에 문제가 있었던 것은 사실입니다. 그런데 그때 간부님은 어떤 조치를 취했습니까?"

그 간부는 꿀 먹은 벙어리마냥 입을 꾹 다물고 있었고, 얼마 지나지 않아 퇴사하고 말았다.

이런 일은 비일비재하다. 사사로운 감정이 개입되면 회사는 곧 권력 암투에 휩싸이게 되고, 이는 회사에 불이익으로 이어진다. 특히나 고위급의 인사가 개인적인 감정을 이기지 못하면 이 싸움은 걷잡을 수 없게 됨을 명심하자.

사내 정치를 경계하라

경영자는 늘 '회사를 위해서 최선을 다하라.'고 말하고, 직원들은 '예.' 하고 대답한다. 주고받는 말이 이러므로 경영자는 자신의 뜻이 잘 전달되었으리라 여긴다.

그러나 직원들이 '예.' 하고 답한 이유가, 사장의 말을 어길 수 없기 때문에 그런 것이지, 그 말의 의미를 충분히 이해하고 받아들였기 때문은 아니다. 대부분의 직원들은 사장의 눈치를 본다.

대학을 졸업하고 공채로 첫 직장에 입사했을 때이다. 영업부로 발령받은 나는 양산제품과 신제품 개발모델을 관리하는 업무를 맡았다. 직장생활 초기였기에, 조직표 상의 간부들에 대해서 크게 신경 쓰지 않았고, 오로지 주어진 업무에 악착같이 매달렸다. 양산품은 주로 생산부와 미팅을 가졌고, 신제품은 개발부와 접촉을 가졌다. 그런데 신제품 개발이 자꾸 늦춰지다 보니 계획에 차질이 빚어졌다.

그러다 하루는 개발 이사님에게 언성을 높였다.

"개발부에서 개발 일정을 맞춰줘야 신제품의 광고일정, 대리점 공급일정을 맞출 수 있는 것 아닙니까?"

이 광경을 본 개발부 선배가 회식자리에서 나에게 물었다.

"회장님과 어떤 관계냐?"

말인즉슨, 회장님 친인척이 아니고서야 개발 이사님에게 그렇게 큰소리를 칠 수 없다는 얘기다. 물론 내 답변은 '아니다.'였다. 그러나 아무리 설명해도 그 선배는 믿지 않는 눈치였다. 다음 날 출근해 보니 내가 회장님과 친인척 관계라는 소문이 파다했다.

직원들은 은연중에 나를 회장의 친인척쯤으로 생각하게 되었고, 그 뒤 나와 관련된 업무는 일사천리로 진행되었다.

웃을 수만은 없는 일이다. 회사의 이익을 우선시하는 분위기가 형성되어 있었다면 이런 해프닝은 벌어지지 않았을 것이다.

이런 이유로, 고사에 등장하는 인물들은 자신에게 사사로운 감정이 없음을 드러내기 위해 그토록 아끼는 자식의 목마저 베기도 했다.

줄서기나 혈연 등 사내 정치를 통한 직장 내 세력 형성은, 기업의 성장을 방해한다. 특히나 이런 정치 문화는 조직표 상에서 드러나지 않기 때문에 생각처럼 쉽게 없앨 수 있는 것도 아니다. 리더는 항상 사내 정치와 싸운다는 각오를 갖고 있어야 하며, 평소 부하직원을 대할 때 개인적인 감정으로 대하지 않도록 노력해야 한다.

목표를 달성하는 기술

한번은 어느 중소기업의 CEO를 만난 자리에서 올해 사업 목표를 어떻게 잡고 있느냐고 물었다. 그랬더니 돌아오는 답변이 이렇다. "어떻게 되는지 일단 해보는 데까지는 해봐야 하지 않겠습니까?" 나는 실로 충격을 받았다. 최선을 다하는 것, 분명 중요하다. 그러나 배가 어디로 가는지도 모른 채 열심히 노를 젓는다고 목적지에 이르는 것은 아니다. 목표가 분명해야 하고, 목표를 향해 제대로 가고 있는지 수시로 확인해야 한다.

1

목표를
공유하라

❋●❋예전 직장에서 근무할 때다. 완제품 재고가 넘쳐서 부득불 운동장 한곳에 간이 천막을 짓고 제품을 보관한 적이 있었다. 한 지방 신문 기자가 이를 발견하고 눈 감아 줄 테니 광고를 달라고 요구했다.

그런데 광고를 신문에 게재하려면 사전에 준비가 필요하다. 추가로 소요될 물동량을 예측하여 생산해야 하고, 유통망에 대한 사전 교육도 필요하다. 또 판촉활동에 필요한 전단지도 마련해야 한다.

광고에 투자할 만한 상황이 아니어서 기자의 요구를 거절했다. 그러자 그 기자는 사회면에 '불법창고 운영'이라는 제목의 기사를 실었다. 곧 해당 시청 공무원과 용역 인부들이 낫과 곡괭이를 들고 들이 닥쳤다.

소식을 들은 나는 영업부 직원들을 이끌고 운동장으로 달려갔다. 갑자기 비라도 내리면 어떡하느냐, 시한을 정해주면 그 안에 자진 철거하겠다고 설득했다. 그러나 비키라는 고함만 터져 나왔다. 금시라도 불도저처럼 밀어닥칠 기세였다. 자칫 인명 사고로 이어질지도 모르는 아찔한 순간이었다.

이런 상황에서 몸으로 가로막고 있는 일이 얼마나 위험천만한 일인지는 겪지 않고는 모른다. 말로 표현하지만 않았지, '비키지 않으면 죽는다.'는 상황이었다. 아무리 회사 일도 중요하지만 이때는 자기 한 목숨이 더 소중하지 않겠는가?

그런데 우리 직원들은 놀라운 정신력으로 똘똘 뭉쳐 한 걸음도 물러서지 않았다. 목에 칼을 들이대도 결코 뜻을 꺾지 않겠다는 기세로 당당하게 맞섰다. 다행히 상황은 무사히 종료되었고, 우리는 정한 시한까지 자진 철거하기로 약속했다.

그때 일을 생각하면 아직도 아찔한 기억부터 나지만, 그러나 동시에 회사 일을 자기 일처럼 소중히 여긴 직원들 덕분에 위기를 이겨냈다는 자부심도 갖게 된다.

회사의 이익을 위해서라면 불법이라도 자행하자는 말이 아니다. 누가 이 회사의 주인인가 하는 점을 말하고 싶은 것이다.

당신 회사의 직원들은 스스로를 회사의 주인으로 여기는가?

당신 회사의 직원들은 주인처럼 생각하고 행동하는가?

혹시 당신 혼자만 주인인 것은 아닌가?

우리는 흔히 주인의식을 가지라고 말한다. 귀에 못이 박히도록 듣는 말이지만 직원 가운데 과연 몇 명이나 주인이 되었을까?

물론 대부분의 중소기업은 소유주가 따로 있으므로 법률적인 의미의 주인이 될 수는 없다. 그러나 회사를 소유하지 않더라도 주인의식은 가질 수 있다. 회사가 없으면 나도 없다는 생각은 가능하지 않겠는가.

나는 전 직원을 사장처럼 만들자고 제안한다.

설령 지분을 공동 소유할 수는 없더라도 지분 외의 나머지는 모두 공유할 수 있을 것이다. 사장이라면 회사에서 벌어지는 모든 일을 알고 있어야 하듯, 직원 역시 회사에서 벌어지는 모든 일을 알아야 한다.

생산직은 생산만 알면 그만이고, 영업직은 영업만 알면 그만인가?

분업을 하는 이유는 효율성을 높이기 위해서이다. 즉 편의상 나눈 것일 뿐, 결국은 공동의 작업이다. 특정 부서가 잘한다고 해서 매출이 상승하는 것이 아니라, 기업 전체의 목표를 공유한 상태에서 각 부서의 손발이 척척 맞아 떨어질 때 하나의 완벽한 조직이 탄생하고, 전체가 유기적으로 돌아갈 때 매출이 상승한다. 전체가 가야 할 목표를 정확히 아는 중에 자기 업무의 중요성도 깨닫게 되고, 보람도 찾게 된다. 매일 벽돌만 나르면서 '아, 지겨운 벽돌!' 하는 사람과, 내가 나르는 벽돌이 이 건축물의 어느 부분에 들어갈지 아는 사람은 일하는 모습도 전혀 다르다.

너무 당연한 이야기인가? 그러나 명심하자. 7살 먹은 아이도 알고 있는 것이지만 80세 어르신도 제대로 실천하지 못한다는 사실을.

2

목표는 기업의 나침반이다

아이들을 데리고 등산을 하다 보면 '얼마나 더 가야 하느냐'는 질문을 귀 따갑게 듣기 마련이다. 수업을 마치고 빨리 집에 가고 싶은 아이들도 자꾸 시계를 쳐다본다.

이 아이들에게 남은 시간을 확인하는 일은 중요하다. 언제 끝날지 알지도 못한 채 무작정 기다리기란 어려운 일이기 때문이다.

마찬가지로 직원들도 어디까지 일을 해야 하는지, 내가 얼마나 일을 했는지 알지 못하면 힘을 내지 못한다. 매순간 자신이 목표에 얼마나 근접했는지 알 수 있다면 없던 힘도 나는 게 사람이다.

직원에게 가장 큰 영향력을 행사하는 목표는 무엇일까? 회사마다 다양한 목표가 있겠으나 가장 직접적으로 영향을 끼치는 것은 매출 목표이다.

한번은 어느 중소기업의 CEO를 만난 자리에서 올해 사업 목표를 어떻게 잡고 있느냐고 물었다. 그랬더니 돌아오는 답변이 이렇다.

"어떻게 되는지 일단 해보는 데까지는 해봐야 하지 않겠습니까?"

충격적인 답변이었다.

하는 데까지 해보겠다는 것이 어떻게 사업 목표가 될 수 있겠는가? 그런 생각으로 어떻게 도전을 하겠다는 것인가?

사업 목표 가운데 가장 중요한 것은 매출 목표이고, 이 목표에 맞게 거래처든 상품이든 개발해야 하고, 또 그런 계획에 맞게 영업도 뛰고, 생산성도 높여야 한다. 구매 물동량이든 직원 수든 모두 사업 목표에 맞게 움직이도록 되어 있다.

사업 목표는 나침반과 같다. 사방이 망망대해로 둘러싸여 한 치 앞도 분간치 못하는 항해 길에 어떻게 나침반 하나 없이 길을 갈 수 있다는 말인가?

1년 목표가 제대로 서야 분기별 목표, 한 달 목표, 주간 목표, 일일 목표 역시 바르게 설 수 있다. 나아가 부서별 목표, 팀별 목표, 개인별 목표 역시 바르게 선다.

매출은 전사적으로 달성하는 일이다. 영업자는 거래처를 개척하거나 관리함으로써, 생산직은 생산성을 높임으로써, 관리자는 자원을 분배하고 관리함으로써 각각 매출에 기여한다. 따라서 직원 개개인으로서는 우리 회사의 목표가 무엇인지 정확히 알아야 자기 일에 충실할 수 있고, 없던 아이디어도 찾게 마련이다.

오늘 달성해야 할 목표가 무엇인지 알고 출근하는 직원과 그렇지 못한 직원이 어떻게 일을 할 것인지는 불 보듯 뻔하다.

목표는 항시 구체적으로 제시되어야 하고, 관리자는 이 목표가 달성되고 있는지 자나 깨나 점검해야 한다. 또한 직원이 자신의 목표를 명확히 인지하고 있는지 수시로 점검하고 수시로 일깨워주어야 한다.

매출 목표는 전사적으로 달성하는 것임을 주지시켜라

매출 목표는, 팀끼리 긴밀한 협조관계를 유지할 때 비로소 달성할 수 있다. 먼저 영업팀의 시장점유율 확대와 함께 벤더 등록, 개발팀의 신모델 개발, 생산팀의 생산 CAPA 확보, 구매팀의 납품업체 물동량 확보, 인사팀의 인력확보 등과 같이 관계팀이 유기적으로 보조를 맞춰가야만 목표에 근접하게 된다.

이와 같이 직원들이 자기 일에만 매달리는 데서 벗어나서 다른 공정, 다른 업무에도 관심을 가질 때 자기 업무에 대한 이해력도 높아진다. 나아가 어느 공정에서 작업 흐름이 원활하지 못하면 조금 여유가 있는 공정이나 간접 부서 직원까지 동원하여 일손을 도울 수 있게 되고, 이런 협업이 곧 매출 상승으로 이어진다.

3

365일
매출 실적표의
마법

매출 실적표 활용법

표 한 가지를 소개한다. 이 표는 연간 매출 목표가 얼마나 달성되었는지 확인하기 위한 자료로, 365일 매출 실적을 담고 있다. 이 표를 만들기 위해서는 A4 용지 1장이면 충분하다. 한 장에 실적을 모두 담는 것이 중요하다. 그래야 회사가 제대로 가고 있는지 한눈에 알 수 있다.

∴ **365일 매출 실적표 사례**

월	목표	실적	1	2	3	4	5	6	7	8	9	10	11	12	13	14
1월	150	180		5		7	10	15	20	27	35		45	49	63	79
2월	170	162	7	10	15	25	32	39		43	46	49	53	53		
3월	210															
4월	180															
5월	180															
6월	200															
7월	160															
8월	240															
9월	220															
10월	210															
11월	190															
12월	190															

(단위 : 천만원)

15	16	17	18	19	20	21	22	23	24	25	26	27	28	29	30	31
93	99	0	110	117	120	134	137	137		140	147	155	169	173	180	
	59	66	82	90	97	0	101	108	120	133	136	149				

- 대각선은 휴일을 나타낸다.
- 1장으로 1년 365일 매출을 확인할 수 있다.
- 계획대로 가고 있는지 언제 어디서나 파악이 가능하다.
- 월별 비교가 가능하다.
- 표를 통해 이상 징후를 빨리 파악할 수 있고, 대응 방안 역시 빨리 마련할 수 있다.
- 전년도 표를 준비하면 연도별 월별 비교가 가능하다.

▋ 표를 보는 법

표를 보면 좌측에 1월부터 12월까지 1년 열두 달이 적혀 있다. 바로 옆에는 목표 매출액을 적는 칸이 있고, 그 옆에서 실제 달성 매출액을 적는 칸이 있다. 두 수치를 나열함으로써 월별 목표에 미달했는지, 초과했는지 곧장 비교할 수 있다.

표의 상단에는 1일부터 31일까지 적혀 있다. 이 칸에는 해당 달에 한하여 누적치를 쓴다. 예를 들어, 1월 2일에는 매출액이 5였고, 4일에는 7이다. 이때 4일 매출액 7은 4일까지의 누적 수치이다. 실제 4일 매출액은 2에 불과하다는 말이다. 누적치를 적용하는 이유는 월별 목표에 얼마나 가까워졌는지 한눈에 파악하기 위해서이다.

전날까지의 매출 총액에 오늘 매출액을 더하므로 매출 수치는 상승하게 된다. 위 표 1월의 경우 2일 5를 시작으로, 4일 7, 5일 10, 6일 15와 같이 점차 증가한다. 이를 그래프로 바꾸면 날짜가 더해질수록 매출액은 상승하는 형태, 즉 상승곡선을 그리게 된다.

▋ 월별 목표

이때 상승곡선의 기울기가 무엇보다 중요하다. 가파르게 상승한다면 매출이 급성장한다는 뜻이므로 좋은 징조이다. 그러나 이 곡선의 기울기가 완만해지거나 수평선을 그리게 되면 매출이 줄어들거나 제자리에 있다는 뜻이다.

예를 들어 위 표에서 1월 22일과 23일을 주시해 보자. 매출액은 22일, 23일 모두 137이다. 이는 23일에 매출이 없었다는 뜻이다. 그렇다면 이를 이상 징후라고 인식해야 할까?

일단 1월처럼 매출 목표에 근접하고 있다면 이상 징후가 아닐 가능성이 크다.

그러나 2월을 보자. 2월 11일, 12일 역시 매출 수치가 똑같다. 즉 12일 매출이 제로이다. 그런데 2월은 그 사이 휴일이 7일 하루밖에 안 된다. 반면 1월은 3일간의 휴일이 있었다. 더구나 1월은 매출 목표가 150에 불과하고, 2월의 매출 목표는 170이다. 또 2월 13일부터 3일간 연휴인데다 2월은 28일까지밖에 없다. 11일 동안 53의 매출을 달성했는데 앞으로 남은 11일 사이에 117만큼의 매출을 달성해야 한다는 뜻이다.

이처럼 상황을 종합적으로 따지면 2월 12일 매출이 정체된 것은 분명 문제가 발생했다는 징후라고 보는 것이 옳다.

▍월별 비교

방금 나는 똑같은 두 상황, 즉 1월 23일과 2월 12일에 대해서 분석을 하고 각각 다른 판단을 내렸다. 1월 23일은 그 달 목표에 근접하고 있으므로 이상이 없다고 판단했고, 2월 12일은 그 달의 상황을 다른 달과 비교함으로써 이상이 있다고 판단했다.

이 표의 특징은, 월별 비교가 가능하다는 점이다. 월마다 목표치는 다르므로 수치를 직접적으로 비교할 수 없다. 계절의 영향을 받는 제품일수록 월별 목표는 들쭉날쭉할 것이다. 위의 표에서는 대체로 8월 이후 연말까지는 매출 목표가 높고, 1월과 7월이 매출 목표가 낮다.

그러나 추이는 대체로 비슷한 양상을 띠게 된다. 매출이 특정일에 집중되는 경우는 드물다. 1일부터 31일까지 분산되는 것이 일반적이다. 즉 1월 1일부터 31일까지 매출이 상승하는 곡선은, 2월에도 3월에도 반복된다.

매출이 제로를 기록한 2월 12일 이전의 시기를 점검해 보자. 1일부터 확인하다 보면 2월 8일자에서 눈길이 멈추게 된다. 6일까지 매출은 39였는데 8일은 43, 9일은 46, 10일은 49를 기록하며 매출 곡선이 서서히 완만해지다가 12일 매출이 제로가 되면서 매출 곡선은 수평선을 긋게 된다.

만일 우리가 곡선에 주목하게 되면 2월 12일의 매출 제로가 사전부터 감지할 수 있는 일이었음을 깨닫게 된다. 2월 1일부터 6일까지는 약간 미달이기는 하지만 대체로 목표 달성에 무리가 없어 보였다.

이는 동기간 1월과 비교해도 알 수 있는 내용이다. 8일을 기점으로 1월은 상승세가 뚜렷하고, 2월은 하락세가 뚜렷하다. 매달 상승 추이가 비슷하다는 점을 감안하면 2월 8일자부터는 기울기에서 문제가 발생했다는 점을 찾을 수 있다.

▎연별 비교

물론 전달과의 비교만으로 문제가 생겼다고 판단하기에는 무언가 부족한 점이 있다. 매년 이 무렵의 매출이 늘 저조하다면 이것은 목표를 너무 높게 잡은 것이 문제라는 뜻이기 때문이다. 그래서 필요한 것이 작년과의 비교이다.

이 표의 또 다른 특징은, 작년과 곧장 비교가 가능하다는 점이다. 실제로 나의 매출 실적 파일에는 철 지난 매출 실적표가 함께 보관되어 있어서 한 장만 넘기면 곧 전년도 수치를 확인할 수 있다.

올해 목표란 당연히 작년 실적을 기준으로 세운다. 작년에 100만큼 팔았다면 올해는 150 혹은 200 정도로 목표를 올리지 않겠는가? 올해 목표가 작년의 두 배라면 오늘 매출액과 작년 이맘때의 매출액이 꼭 그만큼의 차이를 보이는지 확인하면 된다. 만일 2배라면 이상이 없다는 얘기요, 2배가 안 된다면 계획에 차질이 발생한 것이다.

표를 통해 이상 징후를 포착하라

매출 목표 달성에서 가장 중요한 것은 이상 징후 포착이다. 우리 회사가 제대로 가고 있는지, 혹은 다른 방향으로 가고 있는지 어떻게 알 수 있을까? 매출을 보면 누구나 알 수 있는 것일까? 그러나 불행히도 매출 기록을 보면서도 무엇이 문제인지, 어디서 문제가 발생했는지 파악하지 못하는 관리자가 의외로 많다.

위에서 소개한 표는 세 가지 면에서 이상 징후를 포착하도록 돕는다. 하나는 표 자체에 드러난 목표와 실적 비교이다. 월별로 목표를 달성했는지 매달 확인할 수 있다.

그런데 이렇게 해서는 그 달 마지막 날에 가서야 목표 달성 여부를 파악할 수 있다. 이미 다음 달로 넘어갔는데 '아, 지난달에는 매출이 형편없었어!' 하고 말하면 무슨 소용이 있겠는가? 그렇다면 문제가 생겼을 때 곧장 파악할 수는 없을까?

그래서 필요한 것이 월별 비교이다. 월마다 그리는 상승 곡선의 추이가 지난달과 비슷하다면 문제가 없다고 판단할 수 있다.

그런데 월별 곡선 추이가 다르다고 무조건 이상 징후로 여겨야 할까? 내 경험에 따르면 월마다 상황이 다른 경우가 있다. 이를 확인하기 위해서 필요한 것이 작년 수치이다. 비교해 보니 작년 대비 올해 실적이 목표에 근접해 있다. 그렇다면 이는 이상 징후가 아니라 월마다 상황이 다른 점이 반영되었다고 보아야 한다.

만일 월별 매출 달성 상황도 안 좋고, 월별 상승 곡선에도 문제가 있고, 작년과의 비교에서도 실적이 저조하다면 이때는 곧 기업이 총체적인 난관에 빠졌다는 증거이다. 그럴 때는 간부 회의를 열어 목표치를 현실에 맞게 수정하거나 부서별로 이상이 없는지 점검하고, 대응책을 논의해야 한다.

매출 실적표를 공유하라

지금까지 매출 실적표를 어떻게 활용할 것인지 살펴보았다. 더 중요한 내용은 지금부터다. 이렇게 실적을 파악한 뒤 어떻게 하는가?

"매출 실적이 너무 저조합니다. 어떻게 끌어올릴 수 있는지 각자 방안을 마련해 봅시다."

보통은 영업팀을 모아 놓고 이렇게 말하기 일쑤인데 이는 경영자로서 무엇이 문제인지 파악하지 못했다는 것을 의미한다.

매출 실적을 전 직원에게 알려주는 것은 어렵지 않다. 그러나 해석은 전혀 다르다. 같은 표라고 하더라도 사장이 보는 표와 직원이 보는 표에는 차이가 있다. 이 표를 읽는 사람의 역량에 따라 분석력도 달라진다.

따라서 매출 실적을 공유할 때는 그저 보라고만 다그치지 말고, 어떤 점이 잘못되었을 가능성이 있는지 경우의 수를 따져서 이를 담당 팀장에게 가르쳐야 한다.

예를 들면, 불량이 잦아지거나 납기일을 자주 어기거나 제품 품질이 현격히 떨어져 상품에 대한 신뢰도가 떨어진 경우도 있다. 또 경쟁업체에서 성능이 향상된 제품이나 가격을 낮춘 제품을 출시했을 가능성도 있다. 거래처에서 제품을 단종시켜 더 이상 우리 회사의 부품이 필요 없게 된 경우도 생각할 수 있다.

매출 실적을 공유할 때는 사전에 실적 저조의 원인을 분석해야 하고, 어느 부서의 문제인지 정확히 밝혀야 한다. 원인 분석이 불명확하면 직원들은 공연히 기만 죽게 되고, 어떻게 대처해야 할지 갈피를 잡지 못한다.

이 표는 회사가 제대로 운영되는지 확인할 수 있는 가장 기본이 되는 내용을 담고 있다. 선장이 항로를 매일 확인하듯이 경영자는 매출 실적을 매일 확인해야 한다. 이렇게 매일 확인하는 가운데 문제점을 발견할 수 있고, 나아가 2~3개월 뒤의 매출에 대해서까지 대비할 수 있다.

경영자는 틈이 날 때마다 중간관리자들에게 매출 실적을 확인하는 것이 왜 중요한지, 어떻게 분석해야 하는지 알려주어야 한다.

이상 징후 포착을 위한 또 다른 방법 : 거래처별 매출 금액 및 입금 내역

다른 표를 소개한다. 이 표는 거래처별 매출 금액 및 입금 내역에 관한 것이다.(표는 77P)

좌측에는 거래처를 적는 항목이 있고, 상단에는 1년 열두 달이 적혀 있다. 아래 공란에 매달 해당 거래처의 매출 금액과 입금 내역을 적는다.

이 역시 어느 회사나 갖고 있는 표라고 생각한다. 그런데 역시 분석하는 방법이 문제이다.

우리가 이 표를 통해 읽을 수 있는 정보는 거래처 동향(시장상황)과 재정 상태이다.

먼저 거래처 동향을 파악하는 방법이다. 업체마다 경쟁이 벌어지는 일정한 주기가 있다. A사의 경우는 다국적 기업과 경쟁을 벌이고 있는데 이 경쟁업체에서 성능이 개선된 부품을 출시하면 A사는 품질은 똑같이 맞추면서 원가를 절감하는 형태로 다시 새로운 부품을 만들어 시장에 뛰어든다. 이 과정이 대체로 6개월 정도 걸린다. 대처를 잘하게 되면 6개월은 이상 없이 매출이 오르게 되고, 다시 6개월 정도는 경쟁업체에 밀린다.

이 주기가 기본이 되지만, 매번 똑같은 것은 아니다. 그러므로 매출이 떨어질 때는 이상 징후로 포착해야 한다. 매년 반복되는 업체 경쟁이 먼저 시작된 징후일 수도 있고, 혹은 제품이 단종되어 더 이상 A사의 부품이 필요 없게 된 경우도 있다.

어쨌든 문제가 있다고 판단되면 지체하지 않고 거래처 담당자에게 연락하여 상황을 파악하는 것이 좋다. 이때 내가 주로 쓰는 방법은 교차 확인인데, 최소 2명 이상에게 전화를 걸어 양쪽에서 확인하는 것이다. 그러면 대체적으로 원인을 알아낼 수 있다.

이 표에서 또 한 가지 주목해야 할 점은 거래처의 재정 상태이다. 매출 금액 대비 입금 상황이 좋지 않다면 거래처의 재정 상태가 부실해졌다는 증거이므로 지속적인 관심을 기울이며 최대한 미수금을 줄이는 것이 좋다.

이 표는 전 거래처를 대상으로 해야 한다. 거래처가 아주 많은 특성을 가진 업종은, 담당자별로 이 양식을 만들고 팀장들이 확인을 하고, 상급자는 팀장들에게 확인을 하면 거래처가 많더라도 거래처 동향과 재정 상태를 확인하여 대응전략을 세워 응대할 수 있을 것이다.

그리고 맨 오른쪽에 매출비중이 있는데 이것을 보면 거래처의 등급이 자연스럽게 나뉘게 된다. 이를 통해 매출비중이 높은 업체를 쉽게 파악할 수 있고 같은 숫자를 보더라도 이쪽 거래처에 더 관심을 가지고 볼 수 있게 된다.

이상 소개한 두 가지 표가 회사가 제대로 가고 있는지 확인하기 위한 기초적인 자료이다. 365일 매출 실적표는 전사적으로 공유하도록 하고, 거래처별 매출 금액 및 입금 내역은 영업팀에서 공유한다. 이 두 가지 표에 따라서 부서별로 월별, 주간별 표를 작성하여 확인한다.

∴ **거래처별 매출 금액 및 입금 내역 사례**

거래처	월	09.1월	09.2월	09.3월	09.4월	09.5월	09.6월	09.7월
A사	매출	300,000	153,000	295,000	300,000	70,000	40,000	38,000
A사	입금		60,000	170,000	220,000	400,000	40,000	40,000
B사	매출						15,000	9,000
B사	입금		5,000					
C사	매출	2,000						500
C사	입금		15,000	10,000	5,000		4,000	500
D사	매출			40,000	25,000			
D사	입금					50,000		20,000
E사	매출	100,000	200,000	120,000	100,000	400,000	200,000	250,000
E사	입금	20,000	150,000	200,000	100,000	100,000	280,000	350,000
F사	매출		3,000	15,000	20,000	25,000	40,000	80,000
F사	입금			25,000	9,000	4,000		10,000
G사	매출	70,000	50,000	100,000	70,000	60,000	80,000	50,000
G사	입금	100,000	10,000	100,000	25,000	40,000	50,000	80,000
H사	매출	20,000	15,000	12,000				
H사	입금		25,000	11,000	20,000			
TOTAL	매출	492,000	421,000	582,000	515,000	555,000	375,000	427,500
TOTAL	입금	120,000	265,000	516,000	379,000	594,000	374,000	500,500

09. 8월	09. 9월	09. 10월	09. 11월	09. 12월	계	매출 비율 (12월)	마감후 입금일
18,000	19,000	13,000	35,000	17,290	1,298,290	7%	25일
56,000	7,000	23,000	18,000	45,000	1,079,000		
4,000			-	-	28,000	5%	45일
15,000					20,000		
			-	-	2,500	5%	45일
					34,500		
	-5,000		-	20,000	60,000	140,000	23%	60일
				0	70,000		
200,000	250,000	200,000	100,000	150,000	2,270,000	57%	30일
200,000	250,000	90,000	200,000	250,000	2,190,000		
85,000	100,000	80,000	50,000	18,000	516,000	7%	105일
50,000		200,000	150,000	120,000	568,000		
45,000	50,000	100,000	80,000	20,000	775,000	8%	45일
100,000	70,000	50,000	30,000	60,000	715,000		
			-		47,000	0%	30일
					56,000		
352,000	414,000	393,000	285,000	265,290	5,076,790	100%	
421,000	327,000	363,000	398,000	475,000	4,732,000		

- 매출액과 입금액을 비교해 거래처 동향을 파악할 수 있다.
- 거래처의 동향 파악은 곧 시장 파악으로 연결된다.
- 거래처 재정사정을 파악할 수 있다.
- 거래처 관리가 수월해진다.

거래처 관리를 위한 3대 지침

1. 거래처 동향 파악

주문량이 비교적 기복 없는 업체라도 특정 달을 기준으로 주문량이 줄어드는 경험이 한 번은 있을 것이다. 우리도 그런 경험이 있었는데 해당업체에서 동일품목을 2원화 3원화시켜서 공급량을 나누고 가격 경쟁을 시키고 있는 것으로 확인되었다. 사전에 밀착 영업과 원가절감, 아이디어 제안, 신기술 개발을 통해 경쟁력을 확보한다면 2원화 3원화를 사전에 예방할 수 있다.

2. 기업의 부도 예측

부도는 기업체의 사망 선고이다. 그런데 사람의 목숨이 어느 날 갑자기 끊어지는 것이 아니듯 부도 역시 마른하늘에 날벼락처럼 찾아오지 않는다. 별 탈 없이 입금을 하던 업체가 어느 날부터는 보름, 한 달씩 결제를 늦춘다든지 (표「거래처별 매출 금액 및 입금 내역」을 통해 알 수 있다.), 이직자수가 늘어난다면 관심을 집중해야 한다. 이때는 공급량을 최대한 줄이거나, 결제일을 앞당겨 미수금을 줄이도록 노력해야 한다.

3. 신기술 동향 파악

거래처의 신규 개발 제품에 따라 주문량은 요동친다. 따라서 제품에 대한 원가절감 방안과 아이디어를 지속적으로 거래처에 제시하면서 거래처의 신규 개발에 적극 동참할 필요가 있다. 거래처의 협력업체에 등록되었다고 해서 매출을 보장받는 것은 아니다. 신제품을 출시했다고 해서 소비자들로부터 호응을 받는 것도 아니다. 사전에 미리미리 준비하고 대응하면 사후의 뜻하지 않은 실패를 예방할 수 있다.

4

끝까지!
끝까지 확인하라

※●※어느 회사든 연말이 되면 내년도 사업 계획을 잡는다. 모든 경우의 수를 따져서 사업 목표를 잡고, 워크숍을 열어서 목표 달성을 위한 각오를 다진다.

이렇게 작성한 사업 목표가 막상 새해가 시작되면서부터는 목표 따로 현실 따로 움직이는 경우가 비일비재하다.

익년도 사업 계획을 잡기 위해서는 많은 자료와 구체적인 수치가 필요하게 되는데, 이렇게 잘 만들어진 자료들이 막상 새해가 되어서는 서랍 속에서 묵히는 경우가 다반사다. 그 내용이 굉장히 유익한 지침서임에도 말이다.

온갖 고생 끝에 시장을 조사하여 목표를 세웠는데 이 목표를 방치하는 것은 말이 안 된다. 수시로 목표 달성 여부를 확인하지 않으면 그 어떤 조사도, 계획도, 목표도 소용이 없다. 목표를 잡는 것 이상으로 중요한 것이 바로 점검 시스템이다.

그러기 위해서 제안하고 싶은 것이, 팀별 월말 결산서와 팀별 주간 결산서 확인하기이다. 이 두 제도를 잘 활용하면 연간 목표를 달성하는 데 크게 도움이 될 것이다.

경영진에서는 결산서를 통해 목표 달성 여부를 수시로 상기시키고 팀별로, 때로는 담당자별로, 진행사항을 점검해서 어떻게든 목표를 달성할 수 있도록 해야 한다.

월말 결산서 확인

사업계획서를 기본으로 각 팀별로 월 단위 계획서를 작성한다.

다음의 표는 각각 생산팀과 영업팀에서 사용하는 월말 결산서 양식이다. 관리자는 부서별 월말 결산서를 확인하는 동시에 부서 간의 유기적인 협력이 이루어지도록 조율해야 한다.

다시 한 번 강조하지만 목표를 달성하는 것은 어느 한 부서의 역량으로 이루어지는 것이 아니라 전사적인 차원에서 공동으로 달성하는 것임을 잊지 말자. 다만, 여기에서는 영업팀에서 사용하는 월말 결산서를 통해 설명을 진행할 것이다. 다음 양식을 참조하되, 각 회사에 맞게 응용하기 바란다.

구분	12월 실적	비고	구분	1월 계획	일정
생산 · 생산기술	○○○-20P 생산주력(아르바이트 및 간접지원) 조립식 공정 LAY-OUT 재정비(자체 AUDIT 실시)	영업 전체 매출액 : ○○억	생산 · 생산기술	○○○-○○P H/F 및 3008 품질 안정화 및 생산량 달성 주력	~○월/○일
	○○○-○○P 품질개선(○○파손→구조보강 완료)			○○○-○○P 생산계획 달성 ○○○개 ○○○설비 긴급구조 ○○○P양산 대응	○월/○일~
	○○○비전검사시 ○○○개조완료(○월○일~양산적용→○대) ○○○○4호기, ○○○입고 및 인디자인 셋팅 완료			○○○ 1호기 셋팅완료(○월 양산)→ 일정 특별관리 기존설비 생산성 집중관리	~○월/○일
	○○○벤딩지그 실린더 추가 개선완료 ○○○ 1호기, ○○○ 2호기 설비입고 및 인라인 셋팅 중			○○○ ○호기, ○○○ ○호기 설비입고 및 인라인 셋팅완료	○월/○일
	○○○HSG Feader 설비완료(양산진행) ○○○JIG 입고완료, 내부테스트 완료 후 개성이관			○○○→ ○○○○○-○월 생산분 대응완료 후 ○○○로 개조	최종 ○월/○일 양산
	○○○-○○P HSG 품질개선(블리스터, 트위스트)→모니터링 실시			○○○설비입고 및 셋팅완료(설비입고 예정 : ○월/○일)	~○월/○일
사출	○○○-○○HSG #8 금형사고 예방용 감시카메라 설치완료		사출	○○○-○○ H/F HSG품질 안정화(블리스터, 트위스트)→ ○차금형 양산	
	사출실 내 환경개선 1차 완료 신규개발품 시사출 대응	추가 마무리 중		○○○-○○P 신작금형 하우징 양산준비 ○○○-○○P HSG 양산진행(품질안정화)	~○월/○일
	○○○-○○P H/F HSG 게이트변경 → 양산개시 ○○○-○○P H/F ACT수축개선 시사출(조건, 게이트 수정)			중요 제품 집중관리(○○○, ○○○)→ 품질생산량 신규제품 시사출 대응	~○월/○일
	원재료 PA46 LOT별 컬러문제 검토완료			환경개선 및 시스템 개선 마무리 완료	○월/○일
스템핑	신규 공구현미경 입고 및 설치완료		스템핑	○○○ 금형 전면 재생(날)연마	○월/○일
	○○○ 금형 CAD파일 사내규격화(90%완료)			○○○ 금형 CAD파일 사내 규격화	○월/○일
	1.25W/B(1018) socket ter'l 디버깅 ○○○ 단자 시타발 및 샘플대응			○○○ 고장수리 대응 중 (1/4~7)	~
기타			기타	사업계획 달성을 위한 세부 실행 및 준비 숙직제도 도입 시행	○월 첫째주
				주간생산회의 및 조립실 사원 제품 및 설비기술교육	매주 ○요일 매주 ○요일
				ㄱ) 사 2차 Audit 실시 대응→ 개선활동 마무리	○월/○일

∴ **2009년 12월 영업팀 월말 결산 사례**

가중치	목표		실적점검
	목표내용	달성기준	12월 실적
60%	월간 매출액	▶기존 제품(30%)	12월 목표 : 1억원, 12월 실적 : 1억 1천 5백만원(115%)
		▶신규 제품(30%)	12월 목표 : 2억원, 12월 실적 : 1억원(50%)
30%	신규 거래처 개척	▶2개사 신규 개척 1. 대기업 1곳 2. 중소기업 1곳	A사 : b제품 신규 모델 적용 검토협의 B사 : c제품 초도 발주접수(○월○일) 및 납품(○월○일) C사 : 당사 신규 업체 등록 위한 1차 기본 업체 정보 자료 접수→○월 ○일 송부, 검토 후 본심사 자료 접수 예정
10%	매출 채권 관리	▶미수 채권 : "0"	미수 채권 없음

- 1차 목표는 당월목표 확인이다.
- 당월 목표 대비 ±20%를 넘을 때는 사업계획서를 수정한다.
- 진행상황 확인을 통해 2~3개월 후의 목표도 준비할 수 있다.
- 월간 결산을 하며 평가회의를 갖는다.
- 평가회의 시간에는 실적 발표, 실적 평가 및 원인 분석, 금월 목표 발표를 하고 달성을 위한 토론을 유도한다.

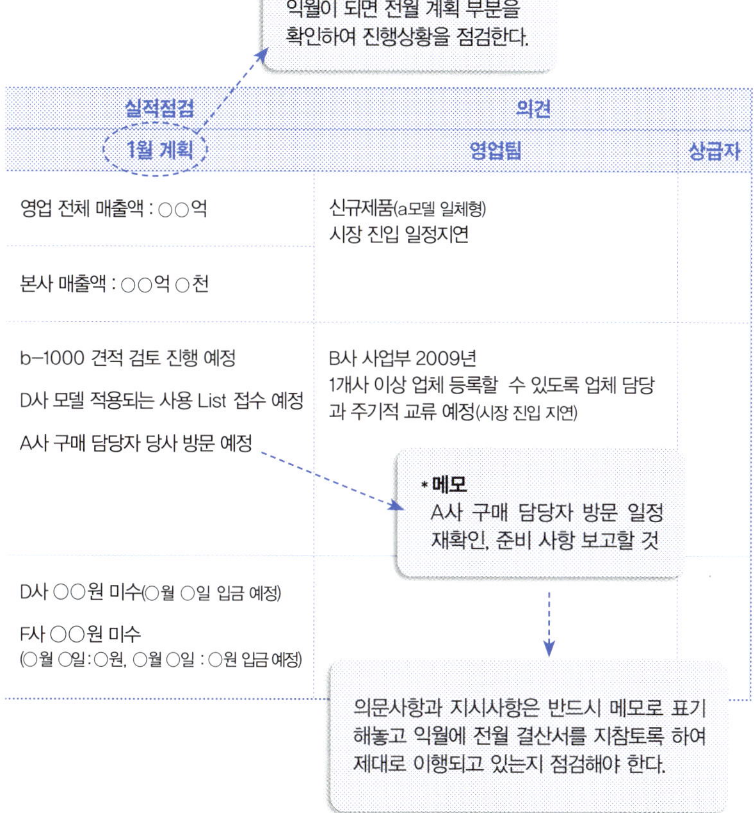

월 단위 계획서에는 팀 자체적으로 한 달간 실행해야 될 내용을 구체적인 항목으로 세분하여 설정하고 전체를 100점으로 하되, 항목별로 가중치를 두어서 전체 점수를 산출할 수 있도록 한다.

위 표는 영업팀에서 활용하는 것으로, 목표를 1) 월간 매출액, 2) 신규 거래처 개척, 3) 매출 채권 관리의 세 가지로 구분한 뒤, 각각 60%, 30%, 10%의 가중치를 적용했다.

이 표의 1차적인 목표는 당월 목표를 얼마나 달성했느냐이다. 연초에 작성한 사업계획서가 월별 목표의 토대가 되지만, 시장 환경이나 경영상의 변화 때문에 목표 달성 수준이 ±20% 이상 벗어날 때는 사업계획서를 수정한다.

이 표를 200% 활용하기 위해서는 단순히 그 달의 실적을 평가하는 데 그치지 말고, 지난달이나 다음 달과의 연장선에서 활용하도록 노력해야 한다.

따라서 월말 결산서를 결재할 때는 지난달 결산서를 지참토록 한다. 지난달에 결재하면서 기록해 둔 지시 사항을 제대로 이행했는지 함께 확인하며 2~3개월 뒤의 목표에 대해서도 경각심을 갖고 준비할 수 있도록 적어두면 지속적인 관리가 가능하다.

팀별로 확인이 끝나면, 익월 첫 주에 전체 팀장 평가회의를 갖는다. 이 평가 회의에서는 지난달에 대한 실적 발표, 실적에 대한 평가 및 원인 분석, 금월 목표에 대한 대책을 팀장들이 발표하고 팀장들 상호 간에 질의응답을 할 수 있도록 한다.

월말보다 중요한 주간 결산서 확인

나는 월말보다 주간 결산서를 더 중시한다. 이 표는 사업계획서에 나타난 월간 목표치를 주간단위로 나누어서 이행상태를 점검하는 것이 목적이다.

월간 목표치를 주간단위로 점검하지 않으면 당월 마감에 큰 차질

∴ **주간 결산서(영업 계획 대비 출하 실적)**

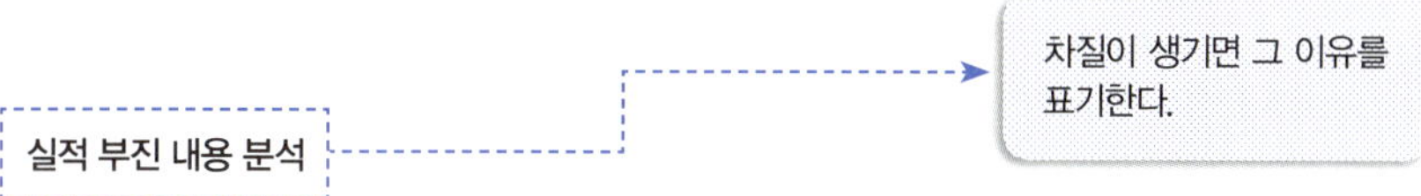

제품군	월실적(금액)			주간실적(금액)			주간실적(수량)		
	계획	실적	달성률	계획	실적	달성률	계획	실적	달성률
A	5,000	3,000	60%	1,300	1,100	85%	50	45	90%
B	400	800	200%	0	0	0%	0	0	0%
C	8,000	3,000	38%	0	0	0%	0	0	0%
D	2,000	2,000	100%	0	0	0%	0	0	0%
E	2,500	2,600	100%	400	1,500	375%	30	100	333%
F	8,000	4,500	56%	2,500	2,000	80%	200	150	75%
G	2,500	1,700	68%	7,000	6,500	93%	58	55	95%
H	1,900	5,000	263%	3,500	3,600	103%	30	29	97%
I	400	410	103%	100	110	110%	2	2	100%
기타	600	1,000	167%	300	500	167%	20	25	125%
합계	31,300	23,910	76%	15,100	15,310	101%	390	406	104%

실적 부진 내용 분석

1. a품목 : 고객사 납품 일정 변경 요청(차질 금액 : ○○○원) → ○월 ○주차 출하 예정
2. b품목 : 사내 생산 CAPA 부족(차질금액 : ○○○원) 목표 : ○○○원 → 실적 : ○○○원
3. c품목 : 사내 생산 차질로 인한 출하 물량 부족(차질금액 : ○○○원) 목표 : ○○○원 → 실적 : ○○○원
4. d품목 : 사내 CAPA 부족으로 인한 차질(차질금액 : ○○○원) 목표 : ○○○원 → 실적 : ○○○원

- 월 목표를 주단위로 점검해야 차질이 생기지 않는다.
- 주간 결산서는 빠트리기 쉬우므로 간사를 두어 매주 월요일 주간 결산서를 수집하게 한다.
- 주간 결산서 미팅을 통해 목표 이행상태와 이상유무를 점검할 수 있다.
- 주간 결산서 미팅은 팀장 교육시간으로 활용한다.

이 생기는 경우가 많다. 주간단위 실적은 해당 주간의 실적만 계산하면 된다. 주간단위의 누계 수치가 자연스럽게 월말 실적이 된다.

위 표에는 이번 주까지의 월간 실적이 있고, 옆에 주간 실적이 있다. 주간 실적을 100% 달성했더라도 마지막 주가 아닌 이상 월간 실적은 100%가 되기 어렵다. 한 주씩 지나가면서 점차 월간 실적에 근접하게 되는 것이다.

현업에 얽매이다 보면 한 달이 금방 지나간다. 그래서 종종 빠뜨리는 업무가 생기는데 주간 결산서 확인을 통해 이를 매주 점검하자. 주간 결산서는 자주 돌아오다 보니까 따로 챙기지 않으면 결재하기가 쉽지 않다. 그래서 제안을 하고 싶은 것은 주간 결산서 간사를 두어서 매주 월요일에는 지난 주 주간 결산서를 수집하도록 한다. 물론 경영진에서는 해당 주간 결산서를 팀별로 팀장을 상대로 결재하면서 대화를 나누도록 한다.

이때 나누는 대화가 경영에서 가장 중요하다.

해당 팀에 대하여 조직 구성원의 문제점이나 목표 이행상태를 확인하면서 회사의 전 조직에 대하여 혹시라도 방심하고 있는 분야는 없는지, 주간 결산서를 결재하면서 빠뜨린 내용은 없는지 세심하게 확인해야 한다.

주간 결산서 확인을 통해서 또 한 가지 얻을 수 있는 효과는 팀장 교육이다. 경영진은 수시로 팀장을 가르치고 북돋아야 한다. 해당업무에 대한 노하우, 부하직원 통솔방법, 관리자로서의 역할 등 팀장마다 부족하고 미흡하다고 생각되는 점을 주간 결산서 확인시간을 통해서 지속적으로 교육시킨다.

● **팀장 미팅 시 확인 사항**

1. 팀장 건강, 가족 구성원의 애로사항

2. 팀원들의 건강, 가족 구성원의 애로사항

3. 업무 진행에 관한 문제점 파악

4. 기타 건의사항

POINT

메모를 통해 지시사항을 끝까지 확인하라

이번 장에서 다룬 내용의 핵심 가운데 하나는 확인이다. 지시만 내려놓고 미리미리 이행 상태를 점검하지 않으면 눈에 보이지 않는 손실이 발생하기 마련이다. 지시한 일은 반드시 이행하도록 교육시키는 것도 중요하지만, 관리자로서 항시 이행 상태를 점검하도록 노력해야 한다.

가장 좋은 방법은 메모하는 습관을 들이는 것이다. 지시는 말로 전달되는 것이 일반적인데 그러다 보면 언제 누구에게 어떤 지시를 내렸는지 잊기 쉽다. 모든 일은 메모에서 시작하여 메모로 끝날 수 있도록 항상 필기도구를 지참하고 있다가 그때그때 기록을 남겨 두고 제대로 수행이 된 것은 사인을 해서 완료되었음을 표시한다.

메모만 보고도 일의 추진사항을 알 수 있으므로 다음 일의 지시도 역시 메모를 통해서 이루어진다.

5

전체조회를 활용하라

회사 경영 상태나 당일 스케줄을 알려준다

내가 매일 전체조회를 열기 시작한 이유는, 직원과의 의사소통을 원활히 하기 위해서이다. 예전에는 주로 팀장을 통해 회사의 중요 정책이나 지시 사항을 전달했는데 이 방법에는 한계가 있었다. 말이 전달되는 와중에 의미가 변질되기도 하고, 심지어 아예 모르는 사람도 종종 있었던 것.

그래서 시작한 전체조회였는데 하루가 다르게 회사 분위기가 좋아졌다.

전체조회 시간에 주로 전달하는 내용은, 회사의 경영 상태나 중요한 정책, 당일 스케줄이다. 매출 실적을 공유하는 것도 이 자리를 활용한다.

전체조회에서 가장 중시하는 것은 얼마나 솔직하게 회사에 대해서 말할 수 있느냐이다. 경영 상태를 감추려고 하거나 이 정도는 몰라도 된다고 여기는 순간, 경영진과 직원 사이에는 거리감이 형성되고, 나아가 직원의 협력이 필요한 시기에도 동의를 이끌어내지 못할 수 있다.

특히 급한 주문으로 휴가철이나 명절 때도 작업을 해야 할 때가 있다. 이럴 때 회사의 사정을 설명하고 동참을 호소해야 하는데 평소 직원들이 얼마나 경영진을 신뢰하고 있는지에 따라 협조가 달라진다.

회사를 경영하다 보면 어려울 때도 있고, 바쁠 때도 있다. 신규 주문이 와서 급히 처리해야 할 경우도 많다. 그런데 신뢰 관계가 형성되지 못하거나 거리감이 있다면 경영진 따로 직원 따로 일을 하는 최악의 상황이 발생한다.

회사에 대해서 미주알고주알 알릴 필요가 없다고 생각하면 오산이다. 평소 회사에 대해 충분히 이해하고 있어야 의사소통도 원활하기 때문이다. 정보가 부족한 상태에서는 같은 내용이라도 달리 해석하게 된다. 이해가 다르므로 경영진은 '왜 시킨 대로 하지 않았느냐.'고 호통을 치게 되고, 직원으로서는 '나는 시킨 대로 했을 뿐이다.'라고 생각한다.

특히 신규 투자나 회사 재정사항, 경비 절감, 인사문제 등 민감한 부분에 대해서는 상세하게 설명하여 처음부터 불평불만이 나오지 않도록 신경을 써야 한다.

조회, 이렇게 하자

- 준비가 생명이다. 매일 조회를 열기 위해서는 준비부터 남달라야 한다. 귀한 시간을 내서 전 직원이 모였는데, 뚜렷한 전달사항이 없으면 아침부터 맥이 빠진다.
- 조회시간은 10분에서 15분 정도면 적당하다.
- 출장이나 기타 사유로 조회를 실시할 수 없을 경우에는 후임자를 선정해서 대신 진행하도록 한다.

조회는 하루도 빠져서는 안 된다

경영자는 직원들과 끊임없이 소통하려고 노력해야 한다. 그런 점에서 전체조회는 가장 효과적이고, 가장 기본적인 소통 공간이다.

매일 전체조회를 실시한다는 것이 말처럼 쉽지는 않다. 그래서 흐지부지되는 경우가 많다. 조회는 꾸준함이 관건이다. 하루도 빠짐없이 조회를 열었을 때 얻을 수 있는 효과는 이루 헤아릴 수 없다. 무엇보다 회사의 힘을 한곳으로 집중할 수 있다. 사장 따로, 직원 따로, 팀 따로 움직인다면 오합지졸이 아닐 수 없다.

조회시간은 절대 길게 끌지 마라. 짧은 시간이라도 꾸준히 지속하는 것이 중요하다. 하루 날 잡아서 장시간 교육을 시키는 경우가 있는데 핵심은 규칙적인 교육이다. 연간 목표도, 월별 목표도, 주간 목표도 모두 매일 매일 점검하고, 얼마나 반복적으로 교육시키느냐에 달려 있다.

특히 조회는 매출 실적과 직접적으로 연관이 없는 생산직 근로자들에게 자신이 맡은 일의 중요성을 환기시키는 데 효과적이다.

어떤 회사든 품질이 무너지면 회사의 존립이 위태로워진다. 전날 공장에서 발생한 품질 문제, 고객사에서 불만족을 표한 문제를 그때그때 기록해 두었다가 조회 시간을 통해 공지하여 같은 문제가 재발되지 않도록 한다.

조회를 하면 근무 태도가 좋아진다

조회를 하다 보면 직원들의 근태가 좋아진다. 전 직원이 참여하는 조회 장소에 늦게 도착해서 문을 열고 들어오다 보면 그렇게 무안할 수가 없다. 그런 곤욕을 치르느니, 아예 출근시간을 앞당기게 되고, 그러다 보면 지각이나 결근도 줄어들어 전반적으로 근태가 향상된다.

조회를 하기 전에는 시간에 맞춰 허겁지겁 출근하는 사람이 많았는데, 그렇게 되면 5분에서 10분 늦게 정상적인 업무가 시작되곤 한다. 하루 5분, 10분은 작은 시간이지만 1년으로 치면 1,500분에서 3,000분에 달하는 엄청난 시간이다. 이 시간의 누수가 품질의 누수로 이어짐을 명심하자.

조회를 통해 직원의 소속감을 높인다

조회시간은 직원들이 서로 얼굴을 익히고 친해지는 기회가 되기도 한다. 어느 회사든지 타부서 직원의 얼굴을 익히기는 쉽지 않다.

하지만 매일 한 장소에서 얼굴을 마주치면 한 회사의 소속임을 알 수 있고, 팀 간의 업무 협조도 수월하게 이뤄진다.

직원 간의 파벌문제도 이 시간을 통해 해결할 수 있다. 끼리끼리 문화가 깊어지면 업무 협조가 원활하지 못해서 회사로서는 손해가 이만저만 아니다. 매일 전체조회를 통해 모두가 한 식구임을 확인하면 유대감도 확산되고 팀 간의 우월의식이나 편견도 사라진다.

물론 전체조회를 할 때 파벌 문제를 직접적으로 거론하는 게 바람직하다.

직원을 변화시키는 기술

임원으로 부임하여 출근하다 보니, 예상치 못한 난관이 많았다. 설립된 지 17년 되었고, 건물도 갖고 있을 만큼 겉모양새는 내실이 튼실해 보이는 중소기업이었다. 그런데 조금만 자세히 들여다보면, 사장 한 사람의 역량에 의해 회사가 움직이고 있었고, 진취성을 찾아보기 힘들었다.

이는 위험하다는 신호였다. 이런 기업은 사장이 자리를 비우면 금세 해이해져서 알게 모르게 누수가 나기 쉽고, 매출 역시 하향 곡선을 그릴 가능성이 크다.

생각 끝에 직원들의 생각과 태도를 바꾸어야겠다고 결심하고, 곧 실행에 옮겼다.

리더의 역할은 직원들이 자발적으로 업무에 임할 수 있도록 동기를 부여하는 것이다. 직원 스스로 자신이 무엇을 해야 하는지 명확히 깨닫고 노력할 때, 리더는 혼자 힘으로는 감히 엄두를 내지 못했던 보다 큰 목표를 세울 수 있으며, 보다 큰 성과를 달성할 수 있다.

1

솔선수범
하라

❋●❋ 난관에 부딪치면 도리어 힘을 내는 사람이 있다. 그런데 대다수는 난관에 부딪치면 일단 피하려고 한다.

난관을 잘 이겨내는 사람에게는 시련을 겪게 하는 것이 사람을 키우는 바람직한 방법이다. 그러나 일단 피하려고 하는 사람은 어떻게 키워야 할까? 즉 어떻게 해야 이 직원들을 자발적으로 움직이게 만들까?

약간 뚱딴지같은 답변이지만, 경영자가 손을 가지런히 모아야 한다.

손을 가지런히 하면 마음도 가지런해진다. 손이 공손해지면 마음도 공손해진다. 검지로 가리킬 것을, 손바닥을 위로 하여 가리키게 된다.

이런 행동의 작은 차이가 커다란 변화를 일으킨다. 윗사람이 손을 가지런히 하고 있는데 옆구리에 손을 얹거나 팔짱을 끼거나 짝 다리를 짚고 있을 직원은 없다.

경영자에게는 항상 직원의 이목이 집중되기 마련이다. 보고 싶어서 그런 것이 아니라 경영자의 판단에 따라 자신의 진급이나 하는 일이 달라지기 때문이다. 따라서 경영자일수록 행동에 더욱 조심스러워야 한다.

직원에게 절대 강요하지 말아야 한다

전 직장에서 과장으로 있을 때다. 하루는 부하직원 가운데 한 명이 자기 딸의 백일이라며 우리 과 직원들을 집으로 초대했다. 참석자는 나를 포함해서 총 6명. 이 가운데 미혼이던 직원이 한 명 있었는데 마침 약혼자를 데리고 왔다. 한참 담소가 이어질 무렵, 그 약혼자가 말문을 열었다.

"왜 남자 친구를 일요일에도 출근시켜서 데이트도 못하게 하세요?"

직장인이라면 일 때문에 가족이나 친구에게 소홀하기 마련이다. 그래서 이런 문제는 알면서도 함구하는 게 보통이다. 직원들이 이를 모를 리 없으니 분위기가 과연 어땠겠는가?

사실 나는 입사 초기부터 일요일도 없이 출근을 해온 터였다. 그래서 어떤 사람은 약속도 잡지 않고 일요일에 불쑥 회사로 찾아오기도 했고, 꼭 일요일에만 전화를 거는 사람도 있었다.

내가 그렇다 보니 부하직원 중에서도 일요일에 출근하는 경우가 잦았다. 그러나 나는 누구에게도 일요일 출근을 강요한 적이 없었다.

일단 질문을 받았으니 답변을 해야 할 처지였다.

"사업부장님이나 임원으로 재직하시는 모든 분들이 오늘의 그 자리에 오르기까지, 물론 본인 스스로도 열심히 노력했겠지만, 가정에서도 그만큼 내조했기 때문에 가능한 일이었다고 생각합니다. 남자 친구가 직장에서 어떤 위치에 있건, 어떤 역할을 하건 그건 온전히 본인이 판단하고 본인이 결정할 문제입니다. 자신의 목표가 회사 임원이 되는 것이라면 그에 맞게 노력하면 그만인 것이지 상사가 시킨다고 무작정 따르는 것은 아니라고 봅니다. 달리 말해, 제가 나오라고 시킨 적도 없지만, 설령 그렇게 지시를 했더라도 일을 하고 안 하는 것은 본인이 선택할 일입니다."

그렇게 답변을 하고 나니 더 이상 질문은 없었다.

열심히 일하는 직원만큼 보기 좋은 것은 없다. 그러나 열심히 하라고 강요해서는 안 된다. 요즘 군대도 자발적인 병사를 만드는 데 주력한다는데, 하물며 현대 사회에서 가장 효율적인 조직을 운영하는 기업에서는 두말할 것이 없다.

일을 더할지 말지는 본인이 선택할 문제임을 알려주어야 한다. 억지로 일을 시키면 감정만 상할 뿐, 회사나 직원 개개인에게 아무런 도움이 되지 못한다. 대신 경영자는 직원들에게 동기를 부여해주고, 격려해야 한다.

불만을 토로하는 간부는 직위를 박탈하라

직원이 많아질수록 관리는 힘들어진다. 그래서 위계질서를 세우게 되고, 간부를 뽑게 된다. 간부의 역할은 사장의 역할을 일정 부분 대신 수행하는 것이다. 그런 점에서 간부는 사장과 늘 호흡을 함께 해야 하고, 문제가 발생하면 함께 해결해야 한다.

간부는 불만을 늘어놓는 자리가 아니라 불만을 해소하는 자리이다. 만일 간부가 불평불만을 늘어놓는다면 직위를 박탈하도록 하라.

직원들이 꺼리는 일에 앞장 서라

누구나 할 수 있는 일이지만 아무도 하지 않으려는 일이 있다. 바로 청소이다. 경영자가 빗자루를 들고 있다는 사실만으로도 직원들은 달라진다.

나 역시 전 직장에서 빗자루를 들었던 적이 있다. 임원으로 부임하여 출근하다 보니, 예상치 못한 난관이 많았다. 설립된 지 17년 되었고, 건물도 갖고 있을 만큼 겉모양새는 내실이 튼실해 보이는 중소기업이었다. 그런데 조금만 자세히 들여다보면, 사장 한 사람의 역량에 의해 회사가 움직이고 있었고, 진취성을 찾아보기 힘들었다.

이는 위험하다는 신호였다. 이런 기업은 사장이 자리를 비우면 금세 해이해져서 알게 모르게 누수가 나기 쉽고, 매출 역시 하향 곡선을 그릴 가능성이 크다.

생각 끝에 직원들의 생각과 태도를 바꾸어야겠다고 결심하고, 곧 실행에 옮겼다.

다음 날부터 제일 먼저 출근하여 빗자루를 들고 회사 운동장부터 쓸었다. 그리고 차례대로 1층부터 3층까지 화장실을 혼자서 청소했다. 근무지 환경부터 깨끗이 정돈한 후에야 생산성이니 품질이니 지적할 수 있을 것이라고 생각했던 것이다.

청소를 처음 시작한 때는 2004년 6월이었다. 1시간 동안 청소를 하고 나면 온몸이 땀으로 흠뻑 젖었다. 며칠만 하면 직원들이 동참할 것이라고 판단했다. 그런데 전 직원 150명 가운데 단 한 사람도 나서는 사람이 없었다. 그렇게 3개월을 묵묵히 혼자서 빗자루를 들고 다녔다.

아무 보람도 없는 일을 100일 동안 실행한다는 것은 참으로 고역이다. 어떨 때는 내가 화장실 용역 인부처럼 느껴졌고, 직원들이 야속하게 여겨질 때도 많았다.

그런데 100일이 지날 무렵, 회사 기숙사에 기거하고 있던 외국인 근로자들이 동참하기 시작했다. 어눌한 한국말로 '앞으로는 우리가 하겠다.'고 하기에 그러면 함께 해보자고 화답했다. 몇 명 참여했다고 이대로 빠지면 다시 흐지부지해질 것 같았기 때문이다. 좀 더 지나니까 다른 직원들도 그냥 보고 있기가 민망했던지 출근하는 대로 손발을 걷어붙이고 화장실 청소에 나섰다.

그렇게 6개월이 흘렀다. 이제는 월별로 매일 청소당번을 정해서 자체적으로 청소를 시행하게 되었다.

이것은 정말 중대한 변화였다.

그 전까지 회사는 잠시 머무르다 떠나는 곳에 불과하다. 적당히 일하고 적당히 시간 보내다가 월급을 타가고, 그러다 운이 좋으면 월급이 오르고 혹은 다른 회사로 옮기는, 많고 많은 회사 가운데 하나였다.

그러나 자기의 땀과 정성이 스며들기 시작하면 곧 주인의식이 피어나게 된다. 그 전까지는 나와 무관하던 화장실이고, 나와 상관없던 사무실이었으나 이제는 제 손으로 쓸고 닦는 자기 집으로 변해간다.

이곳이 내가 사는 집이라고 생각했을 때 비로소 무언가 해보겠다는 의지가 샘솟는다. 처음 시작은 힘들었지만 직원들의 태도가 변하는 모습을 보면서 나 역시 보람을 느끼고 더욱 힘을 내게 되니, 이것이 일거양득이 아닌가.

남이 보지 않을 때 더 솔선수범해야 한다

솔선수범을 하는 이유는, 직원들에게 모범을 보이기 위함이다. 그런데 남이 보지 않을 때도 솔선수범하라니, 이는 모순이 아닌가? 그러나 명심하자. 아무도 안 볼 때는 하지 말자고 생각하는 순간, 마음은 느슨해지기 마련이고, 그러다 보면 남이 볼 때도 방심하게 된다.

나는 지난 25년간 1등 출근을 한 번도 놓친 적이 없다. 지금도 06시 30분에 출근하여 07시 40분에 영업팀 회의를 주재하고, 08시 20분 전체 조회를 갖는다.

1등 출근을 하는 이유 중의 하나는 직원들의 습관을 바꾸기 위함이었다. 상급자가 가장 먼저 출근하여 출입문을 열어놓기 때문에 직원들의 출근시간이 알게 모르게 당겨진다. 출근 시간에 맞춰 헐레벌떡 뛰어오는 것보다 10분, 20분 먼저 출근하여 업무를 준비하면 하루가 알차게 진행될 것은 말할 것도 없다.

그런데 원하는 목적을 달성했다고 해서 느긋하게 출근하면 어떻게 될까? 설령 누가 뭐라고 하는 사람은 없겠지만 직원들의 출근시간도 조금씩 늦춰지기 마련이다. 출근 시간이 늦춰지면 준비 없이 업무에 임하게 되고, 실수가 잦아진다.

회사 질서 가운데 가장 기본이 되는 것이 근태이다.

어느 회사나 마찬가지겠지만 우리 회사의 경우, 정당한 사유 없이 지각·조퇴가 빈번하여 근무 태도가 불량하다고 인정되거나, 3일 이상 무단결근하거나, 기타 회사 생활의 기본 수칙을 따르지 않는 직원에 대해서는 징계조치를 취할 수 있다고 규정하고 있다.

이런 규정이 나쁘다는 뜻은 아니지만 징계만으로 다스리는 데는 한계가 있다. 이를 보여주는 좋은 예가 있다.

옛날 인도의 어느 나라 임금이 신하들을 데리고 부처님을 뵈러 갔다. 동산에는 부처님과 수많은 제자들이 앉아 있었다. 임금은 이토록 많은 사람들이 모여 있는데도 마치 개미 한 마리 없는 것처럼 사방이 고요함에 깊은 인상을 받았다.

"부처님, 저는 한 나라의 왕으로서 여러 가지 법률을 만들어 백성을 다스립니다. 그런데 저는 백성뿐만 아니라 제 말이라면 자기 목숨처럼 떠받드는 군대라 할지라도 단 한순간도 이렇게 조용하게 만들 수가 없습니다."

그러자 부처님이 말씀하셨다.

"백성들의 겉모양만을 다스리려고 했기 때문입니다. 사람의 근본은 겉모습에 있는 것이 아니라 마음에 달려 있습니다. 마음을 안정시킬 수 있다면 따르게 하기는 어렵지 않습니다."

마음으로 따르게 하기 위해서, 우리가 부처님처럼 설법을 할 수는 없을지라도 최소한 모범을 보일 수는 있다.

나는 얼마나 떳떳한가?

자녀에게 듣는 말 가운데 가장 낯부끄러운 말이 무엇인가? '아빠는 어렸을 때 공부 그렇게 잘했어?' 설령 부모로서 공부를 못했더라도 자식에게 공부 열심히 하라고 말할 수는 있다. 그러나 듣는 아이 입장에서는 다소 설득력이 떨어지는 것이 사실이다.

직원들도 마찬가지이다. 자기는 수시로 지각하면서 부하직원 보고는 지각하지 말라고 할 수 있겠는가? 프로젝트 멤버로 참여하여 함께 진행하다가 중간에 슬쩍 빠진다든지 차상급자를 내세우면서 팀원들에게는 열심히 하라고 말할 수 있겠는가?

이렇게 되면 직원들도 '나도 슬렁슬렁해야지.' 하고 태만에 빠지게 된다. 상급자가 모범을 보여야 무슨 말을 하더라도 권위가 선다는 사실을 잊지 말자.

2

목표를
크게 주어라

＊ ● ＊ 세상은 변한다. 시장도 변한다. 고객도 변한다. 고로 기업도 변해야 한다.

고인 물이 썩듯이, 기업이 변신을 등한시하면 곧 쇠퇴한다. 기업이 변하기 위해서는 직원 개개인의 변화가 무엇보다 필요하다.

모범을 보이는 것도 직원의 태도를 변화시키는 한 가지 방법이지만 이는 자세나 마음가짐만을 바꿀 수 있을 뿐이다. 직원을 바꾸는 데 있어서 중요한 것은 시야를 넓게 하는 것이다. 같은 일을 하더라도 시야가 넓은 사람과 좁은 사람은 달성하는 성과에서 차이를 보인다. 태스크포스 팀 운영은, 직원들의 시야를 넓히는 데 매우 유용하다.

태스크포스 팀을 운영하되 격식에 얽매이지 않도록 한다

:

태스크포스 팀(task force team)이란 기본업무 외에 신규사업이나 새로운 과제 또는 품질문제 등 기업이 직면한 당면 과제를 해결하기 위해 관계부서에서 인원을 차출, 일정 기간 안에 목표를 달성하도록 만든 일시적인 팀이다.

태스크포스 팀은 일종의 소방관처럼 급한 불을 끄는 역할을 맡게 되지만, 조금만 자세히 살펴보면 이 팀의 실적에 회사의 미래가 달려 있다고 해도 과언이 아니다. 왜냐하면 태스크포스 팀에는 회사의 인재가 투입되기 마련이고, 대개 기존의 방식으로는 해결하기 힘든 업무가 주어지기 때문이다.

문제는 중소기업에서 태스크포스 팀을 운영할 때 생기는 난관이다. 보통은 태스크포스 팀에 합류함과 동시에 기존 업무에서 손을 떼지만 중소기업은 기존 업무와 병행해야 한다는 한계가 따른다.

그렇다면 이 한계를 어떻게 극복할까?

첫째, 전 사원을 골고루 참여시킨다.

물론 불량 문제 해결, 원가 절감, 첨단 기술 도입과 같이 비중이 크고, 회사 차원에서 시급히 해결해야 할 임무는 경영진에서 팀원을 뽑는 것이 좋다.

그러나 비교적 사안이 가벼울 때는 자율적인 참여를 유도하되, 기왕이면 모든 사원이 한 번씩은 태스크포스 팀에 참여하도록 하자.

전 사원이 참여하다 보면 직원 개개인이 회사를 위해서 무언가 중대한 일을 하고 있다는 긍지와 자부심을 느낄 수 있다. 그 어떤 칭찬의 말보다도, 자신이 회사에 꼭 필요한 사람이라는 느낌이 직원을 더 분발케 한다.

둘째, 격식이나 형식에 얽매이지 않도록 한다.

구성원이 부담을 갖지 않도록 해야 기존 업무와 병행하는 데 스트레스를 최소화할 수 있으며 나아가 흥미를 갖고 참여하게 된다.

셋째, 무엇보다도 경영진의 관심이 필요하다.

만일 경영진이 관심을 기울이지 않으면, 팀원은 곧 기존 업무에 집중하게 된다. 태스크포스 팀 업무는 못해도 무방하지만, 기존 업무에서 누수가 나면 자신의 존립 근거가 취약해지기 때문이다. 이런 이유로 유명무실해지는 경우가 잦다.

경영진에서는 회의록을 결재하거나, 주기적으로 해당 팀을 방문하여 팀 운영에 관해 조언도 주고, 진행 과정에 대해 이야기도 들어야 한다. 그렇게 해야 팀원들이 긴장을 갖고, 책임감을 느낄 수 있다.

POINT

태스크포스 팀 운영 방법

▶ 기존 조직이나 특정인 혼자 힘으로 풀기 어려운 문제에 직면했을 때 태스크포스 팀을 운영한다.

▶ 팀원은 3~5명 정도로 구성한다.

▶ 활동 기간은 3~5개월 정도로 잡는다.

▶ 최소 일주일에 1회 이상 모임을 갖도록 한다.

▶ 모임에서는 각자 연구한 내용을 중심으로 토론을 진행한다.

▶ 토론 진행은 다음과 같다.

1) 과제 선정 및 원인 분석

2) 작성 및 업무 분담

3) 과정 진행

4) 결론 및 검증

감당하기 어려운 목표를 준다

태스크포스 팀을 꾸릴 때는 일단 목표를 크게 잡도록 한다. 기존 업무야 연간 목표, 월간 목표, 주간 목표가 정해져 있으므로 그에 맞게 업무를 진행하면 그만이지만, 태스크포스 팀의 경우는 상한선을 두지 않는 것이 바람직하다.

TF 팀에게는 시한이 정해져 있기 때문에, 그 안에서 찾을 수 있는 것은 모두 찾도록 유도하는 것이 관건이다.

목표를 크게 잡으면 생각도 커진다. 반대로 목표가 작으면 작을수록 생각도 좁아지기 마련이다. 보통 영업부 직원에게 매출 목표를 많이 부여하는데 이 역시 발상의 전환을 유도하도록 만든다.

쾌도난마라는 고사성어가 있다.

중국 동위의 승상으로 있던 고환에게는 여러 명의 아들이 있었다.

하루는 고환이 아들들의 능력을 가늠하기 위해 헝클어진 실타래를 주면서 풀어보라고 시켰다.

아들들은 모두 실을 풀기 위해 실마리를 찾고 있었는데 유독 둘째 아들 고양만 이를 묵묵히 지켜보다가 칼을 빼들어 단번에 잘라버렸다. 이를 본 아버지는 둘째가 큰 인물이 되리라고 생각했다.

'그런 게 어디 있어?'라고 생각했다면 여전히 예전의 생각에 사로잡힌 것이다. 발상의 전환이란 알고 보면 쉬운 것이지만 막상 찾으려고 하면 어려운 법이다.

태스크포스 팀이 해결해야 할 문제는 기존의 방법으로는 풀리지 않는 실타래임을 상기하자.

지금 필요한 것은 콜럼부스의 달걀과 같은 것이다. 단순히 지금보다 더 노력하면 해결되는 문제가 아니다. 풀이 방식이 전혀 달라야 한다.

어느 대기업 전 부회장도 재임 기간 중 이런 얘기를 했다고 한다.

"5%는 어려워도 30%는 가능하다."

이때 5%는 현재 상태에서 목표치를 잡는 경우를 말한다. 지금의 실적 역시 거저 얻은 것이 아니다. 밤낮을 잊고 달려온 끝에 오늘에 이른 것이 아닌가? 그런 상황에서 5%를 높이려면 어떻게 해야 하는가? 도저히 시간도 안 나고, 엄두도 안 난다. 그래서 어렵다고 하는 것이다.

그런데 30%는 가능하다. 1+1=2라는 생각을 버리고 1+1=3이라고 생각할 수 있다면 얼마든지 수익을 높일 수 있다는 말이다. 세상은 이처럼 발상의 전환에서 비롯되어 변하는 것이 아닌가. 부가가치가 높은 제품 역시 순간의 발상 차이에서 시작된다.

히말라야 등정을 목표로 삼은 등산가와, 지리산 등반을 목표로 삼은 등산가는 준비부터 다르다. 히말라야를 목표로 삼은 등산가의 뇌리에는 에베레스트가 우뚝 솟게 된다.

참고로 다음에 소개한 표는 영업 TF 팀 관리를 위한 표이다. 표에는 목표와 그에 따른 실적을 점수로 환원한 것이 있는데 이를 참조하여 각 회사에 맞게 바꾸어보기 바란다.

기간 : 2010.01.01~2010.01.31(단위 : ○○원)

지표	세부 활동내용	배점	목표 설정	담당	구분	1주차	2주차	3주차	4주차	누계	점수
매출 (50)	1월 본사 매출	50	1,330	전원	목표	350	330	300	350	1,330	46
					실적	300	350	280	300	1,230	
신규 ITEM 확보 (25)	ㄱ) 품목	10	승인 완료	연개소문	목표	ㄱ) 품목 승인 완료(○월/○일), 승인 TEST 완료(○월/○일)					6
					실적	ㄴ) 품목 단품 인증용 Sample 제출 – 검토 결과 확인(○월/○일)					
	ㄱ) 품목	5	양산 완료	이순신	목표	최종 개선품 제출 및 A사 재승인 검토 완료 (○월/○일), 납품(○월/○일)					4
					실적	2차 개선품 제출 완료					
	ㄴ) 품목	5	Test 완료	을지문덕	목표	개선품 Set 업체 Test (Sample 발송 ○월/○일)					4
					실적	○○사 및 Test 진행 ○월/○일 예정					
	ㄴ) 품목	5	샘플 제출	강감찬	목표	2차 개발 Test 샘플 제출(○월/○일)					4
					실적	E사 Sample 제출 ○월/○일 예정					
신규 시장 개척 (25)	갑) 사	5	양산 진행	연개소문	목표	ㄷ) 품목 신규 모델 Sample 적용					3
					실적	ㄹ) 품목 Sample 제출(○월/○일) 및 향후 진행 일정 협의					
	을) 사	7	납품 진행	이순신	목표	초도 1월 3,600EA 납품 목표					4
					실적	2,000EA 납품 완료(1/4일) – 1/20일 중국 동관 미팅 추진중					
	병) 사	5	업체 등록	을지문덕	목표	2010년 내 Vender 등록 추진					1
					실적	ㅁ) 품목 Sample 및 성분분석표 제출(○월/○일)					
	정) 사	3	일본 시장	강감찬	목표	일본 업체에 당사 소개 자료 송부(○월/○일)					1
					실적	A사 일본시장 진입검토 → 당사 a제품 국내실적 자료 송부(○월/○일)					
	무) 사	5	대만 시장	권율	목표	당사 ITEM으로 향후 영업 진행 현황 접수 예정(○월/○일)					3
					실적	현재 고객사와 당사 제품 판매 협의 진행중(○월/○일, 책임자 미팅)					
	점수										76

업무 비중에 따라 가중치를 둔다.

가중치에 따른 업무별 최고점수

업무별 달성도에 따른 점수

TF 팀 주간단위 점검과 시상

1. 점검

초기에는 의욕이 넘치지만, 한 달쯤 지나다 보면 나태해지기 쉽다. 모임의 횟수도 줄어들고, 그러다 보면 목표는 이미 물 건너 갔고, 내용은 부실해질 가능성이 크다. 한번 시작한 TF 팀은 반드시 결과물을 완성시키도록 하는 게 중요하다.

경영진은 주간단위로 회의록을 결재하되, 이때 팀장과 대면하여 잘못된 방향을 지적하고, 해결책을 제시하거나 격려해야 한다. 또한 이렇게 결재한 회의록은 간사에게 시켜 파일에 보관하도록 한다. 또한 경영자는 TF 팀 구성원 전체와 간담회를 가지면서 그들의 관심사와 애로사항을 들어주도록 한다.

2 시상

고생한 직원들에게 칭찬과 시상을 아끼지 말자. 물질적으로 큰 것이 필요하지도 않다. 부담이 가지 않는 범위에서 상품이나 도서상품권을 구입하여 진행 과정이 우수하다든지, 결과가 좋다든지 하면 상을 준다. 물론 회사에 큰 이익이 되었거나 획기적인 방법을 찾았다면 그에 합당한 포상이 뒤따라야 한다.

회사에 기여한 공로가 있다면 충분한 보상이 따른다는 점을 인지시키는 것이 중요하다. 이렇게 해야 전 사원이 참여할 수 있는 분위기가 조성된다.

3

부정적인 직원을 긍정적으로 바꾸는 기술

'안 된다.'고 하는 직원은 사표를 받겠다고 공표하라

예전 직장에 있었을 때다. 나는 상품기획 업무를 맡고 있었기 때문에 관련부서 회의를 자주 주관했다. 참석자는 대부분 부장급이었고, 회의를 주관한 나는 과장이었기 때문에 회의 때마다 말도 많고, 탈도 많았다. 그렇다고 일개 과장이 부장들에게 쓴소리를 할 수도 없는 노릇이었다.

생각다 못해 부하직원을 데리고 참석해서 참석자의 발언 내용을 회의록에 적도록 시켰다.

"필요도 없는 회의를 자주 열 필요가 있는가?"(김○○ 부장)

"되지도 않는 일을 하고 있다."(이○○ 부장)

그날 회의를 마치자마자 회의록을 결재받은 뒤 전 부서에 배포했다.

난리가 났다. '무슨 회의록을 이렇게 썼느냐, 이럴 수가 있느냐' 하면서 항의가 빗발쳤다. 정색을 하고 되물었다.

"혹시 발언하지 않은 내용을 써놓은 게 있습니까?"

"그런 건 없는데……."

아무도 반론을 제기하지 못했다.

"그러면 더 이상 얘기하지 맙시다."

그 사건 이후 참석자들이 회의에 임하는 태도가 완전히 달라졌다. 누가 시키지 않았는데도 모두가 한결같이 긍정적인 의견을 개진했고, 타 부서의 일에 대해서도 협조적으로 변했다.

회의를 진행하든가, 신규 사업을 추진하다 보면 유독 '안 된다.'고 주장하는 직원이 있다.

'안 된다.'는 말은 일종의 습관이다. 당연히 어렵고 힘든 일이므로 회의를 진행하는 것이고, 새로 해보자는 것인데 마치 안 되는 것이 진리인 양 부정적인 말만 늘어놓는다.

더구나 '안 된다.'는 말은 일종의 바이러스와 같아 전염이 빠르다. 그 한마디에 분위기는 착 가라앉고 의욕도 상실된다.

이런 직원은 회사에 해를 끼치므로 결코 방치해서는 안 된다. 경영진에서는 사전에 따끔하게 언질을 할 필요가 있다.

"'안 된다.'고 말하는 직원은 사표를 받겠다. 그런 사고방식을 가진 사람은 우리 회사에서는 더 이상 필요하지 않다."

암 덩어리와 함께 살 수는 없다. 고름이 살이 되는 경우는 없다. 사전에 이런 말을 꺼낼 수 없도록 단속하자. 물론 발전적인 비판은 얼마든지 환영한다는 것도 함께 언급하는 것이 바람직하다.

소극적이고 무책임한 직원의 태도를 바로잡아라

첫째, '다음에'라는 단어를 쓰지 않도록 해야 한다.

'다음에'라는 말처럼 무책임한 말도 없다. 듣는 입장에서 이런 말은 지불이 불가능한 공수표나 다름이 없다. '다음에'라는 말을 남발하는 직원이 있다면 당장 불러서 말하는 습관을 바로잡아야 한다.

약속을 잡을 때는 분명하게 날짜를 제시하도록 하자. 업무와 관련된 스케줄을 잡거나 거래선과 미팅을 잡을 때는 항시 스케줄 표를 점검하여 날짜를 잡는다. '언제가 괜찮냐?'고 질문을 받았을 때 곧장 날짜와 시간을 제시할 수 있다면 상대는 자신이 중요한 사람으로 받아들여지고 있다고 여기게 된다. 이를 위해서는 평소 자신의 일정표를 꼼꼼히 파악하거나, 휴대용 수첩에 기록해야 한다.

약속을 정하기가 애매한 경우에는 일단 스케줄을 잡아놓은 뒤 조정하는 방법도 있다. 상황을 봐서 약속시간을 앞당길 수도 있고, 뒤로 미룰 수도 있다. 이 정도는 누구나 이해한다.

반대로 누군가 '다음에'라고 얘기하면 언제 만날 것인지 물어서 계획을 잡자.

둘째, 일을 떠넘기지 않도록 한다.

직장생활을 하다보면 내 일이 아니라면서 다투는 경우가 있다. 해도 해도 끝나지 않는 과중한 업무와 각종 보고 자료로 이미 숨이 막힐 지경인데 담당자가 애매한 업무까지 주어질 때 이런 일이 생기기 마련이다.

하지만 누군가는 해야 할 상황이라면 중재가 필요하다. 따로 불러서 이렇게 말해주자.

"이렇게 생각해 봅시다. 산악인들 사이에서는 에베레스트와 같은 고봉을 등정한 적이 있느냐 없느냐가 중요합니다. 안 가본 사람은 그 사회에서는 대접을 받지 못하지요. 이 일도 그렇습니다. 해본 사람과 안 해본 사람의 차이는 엄청납니다. 안 해본 사람은 입을 열 자격도 없지요. 그런 마음으로 일에 임해주길 바랍니다."

지인들 중에 퇴직 후 창업하는 분들을 종종 볼 수 있다. 사업이 번창해서 성공가도를 달리는 분도 계시지만, 불행하게도 중도에서 힘이 부쳐 부도를 맞는 경우도 잦다. 곰곰이 생각해 보면 실패한 분들은 실무 경험이 부족했던 것이 실패의 원인이 아니었나 하는 생각이 든다. 직접 발로 뛰면서 얻은 경험만이 자신의 무기가 된다. 자기 업무 범위를 벗어난 일이더라도 미래를 생각하고, 적극적으로 임하는 자세가 필요하다.

셋째, 사내 분위기를 흐리지 않도록 한다.

몇 년 전 일이다. 중간관리자급의 직원이 한 명 있었는데 말이 참 많았다. 나 아니면 안 된다는 일종의 왕자병에 걸린 것이다.

나도 집에 가면 자식이 있고 그만한 조카들도 있는 터라 어떻게든 훌륭한 직원을 만들려고 노력했다. 개별면담도 갖고, 소주잔도 기울이면서 틈틈이 조언을 했다. 그렇게 1년간 따로 만나면서 교육을 시켰지만 그 직원은 조금도 변하지 않았다.

한번은 이런 일도 있었다. 우리 회사는 주부사원이 80여 명 있는데 근무시간 중에 주부사원들만 찾아다니면서 이상한 말을 늘어놓아서 현장 분위기를 흐려놓는다는 것이었다.

"우리 회사는 문제가 참 많아요. 제가 하고 있는 일이 32가지나 되는데 나 아니면 이 회사는 진즉에 망했을 거예요."

주부사원들 입장에서는 참으로 듣기 민망한 소리였을 것이다. 관리자라는 사람이 하는 말도 그렇지만 근무에 지장이 생길 정도라면 결코 사소한 문제가 아니었다. 처음에는 알았다, 불러서 타이르겠다고 했지만 나아지는 기색이 없었고, 주부사원들의 건의 전화도 이어졌다.

결국 해당 부서장에게 지시를 내려서 다음 날 아침부터 영업팀으로 출근시키라고 발령을 내렸다. 그 직원은 다음 날 영업팀으로 출근한 지 2시간 만에 사표를 제출했는데 회사가 망하기는커녕 근무 분위기가 한결 나아졌다.

교육에도 한계가 있다. 구제불능이라고 판단되면 공개적인 인사 조치를 취해서 타산지석으로 삼도록 해야 한다.

경쟁력 있는 직원으로 만드는 기술

· ·

"나라를 다스리는 법을 알려주십시오."

"식량이 넉넉하고, 군대가 잘 갖춰져 있고, 백성의 신뢰를 얻으면 된다."

"만일 부득이하게 포기해야 할 것이 생기면 이 가운데 무엇을 먼저
버려야 합니까?"

"군대를 버려야 한다."

"만일 부득이하게 포기해야 할 것이 생기면 남은 두 가지 가운데 무
엇을 먼저 버려야 합니까?"

"식량을 버려야 한다. 사람은 언젠가는 죽게 마련이지만, 백성의 신
뢰를 얻지 못하면 나라는 성립하지 못한다."

-『논어』, 자공과 공자의 문답

1

직원은 소모품이 아니다

직원의 힘을 이끌어내는 데 집중하라

:

흔히 성공 기업의 CEO가 말하길, 우리 회사는 전 직원의 힘으로 여기까지 왔다고 한다. 이를 입에 발린 말이라고 생각한다면 당신은 아직 경영자로서 준비가 안 된 사람이다. 만일 어떤 CEO가 진심에서 우러나와 이와 같은 말을 했다면 그 CEO는 직원의 힘이 얼마나 위대한지 잘 알고 있는 사람이다.

CEO는 회사 내에서 가장 막강한 힘을 지니고 있다. 그래서 많은 CEO가 자기 혼자 힘으로 회사를 일으킬 수 있다고 생각한다. 이는 매우 위험한 발상이다.

기업을 일으키는 것은 CEO나 경영진이 아니라 직원이다. CEO의 힘은 휘두르라고 있는 것이 아니라 직원의 힘을 이끌어내는 데 쓰라고 주어진 것이다.

개미의 생태를 살펴보자.

하나의 개미굴이 만들어지기 위해서는 수개미와 여왕개미가 반드시 필요하다. 이들은 때가 되면 무리 지어 날아올라 혼인비행을 한다. 수정이 끝나면 수개미는 죽고, 날개가 떨어진 여왕개미는 밀폐된 장소에 들어가서 산란을 시작한다. 이렇게 태어난 개미가 일개미이다. 일개미는 알에서 나오자마자 먹이를 찾아 나선다.

일개미가 적을 때는 여왕개미가 알을 돌보지만 일개미가 먹이 채집을 충당할 만큼 많아지면 여왕개미는 일개미에게 알을 맡기고 자신은 산란에만 집중한다. 이렇게 여왕개미는 12~17년 동안 알을 낳으며 하나의 개미굴을 발전시키고, 그 사이 새로운 수개미와 여왕개미가 혼인비행을 마치고 새로 개미굴을 일군다.

여왕개미보다 일개미가 더 중요하다거나 그 반대의 주장을 펴려는 것이 아니다. 여왕개미 없이는 일개미도 없고, 일개미 없이는 여왕개미도 없다.

그런데 둘 사이에는 중요한 차이가 있다. 여왕개미에게는 힘이 있고, 일개미에게는 힘이 없다. 일개미 한 마리가 무리 전체를 망가뜨릴 수는 없으나 여왕개미 한 마리는 무리 전체를 망가뜨릴 힘이 있다. 여왕개미는 자신에게 주어진 힘으로 일개미를 만든다. 일 잘하는 개미를 만드는 것도 여왕개미요, 일 못하는 개미를 만드는 것도 여왕개미이다. 당신이 여왕개미라면 어떤 일개미를 만들겠는가?

기업은 사람에 비유할 수 있다. 이 경우 CEO는 머리에 해당한다. 머리는 외부의 변화를 감지하고 그에 맞게 목표와 계획을 수립하여 이를 팔과 다리에 명령한다. 그런데 팔과 다리가 명령을 거부하면 어떻게 되겠는가? 차라리 명령을 거부하는 게 속 편할지 모른다. 그러면 최소한 문제가 있다는 사실을 알 수 있기 때문이다. 그러나 대부분의 팔과 다리는 머리 없이 혼자 움직일 수 없으므로 내키지는 않더라도 일단 따르는 척한다. 내키지 않으면서 따르는 것과 믿고 따르는 것이 어떻게 다른지는 말하지 않아도 잘 알 것이다.

기업이 일어서면 사장이 경영을 잘했기 때문일까? 기업이 무너지면 직원들이 형편없기 때문일까? 발상을 전환해야 한다. 기업이 일어서는 이유는 직원들이 잘했기 때문이고, 기업이 망하는 이유는 사장이 직원의 힘을 이끌어내지 못했기 때문이다. 즉 잘하면 직원 덕분이고, 못하면 사장 탓이다.

거래처 사람 대하듯 직원들을 대하라

중소기업은 항상 돈에 쫓기기 때문에 1년 내내 매출을 일으키는 영업에 우선순위를 둔다. 경영진의 거의 전부가 거래처 개척을 위해 사방팔방 뛰어다닌다. 어떤 영업자를 뽑느냐에 따라 기업의 사활이 걸려 있다고 여기게 된다.

물론 내 경험을 비추어보아도 중소기업에서 영업이 차지하는 비중은 막대하다. 그러나 영업에 에너지를 집중하다 보니 본의 아니게 직원 관리에는 소홀한 경우가 흔하다.

영업을 조금만 뛰어본 사람이라면 직원 관리가 영업에 미치는 영향이 얼마나 큰지 곧 깨닫게 된다. 나는 지난 25년 동안을 영업자로 근무했다. 그러나 영업만으로는 분명 한계가 있다. 직원의 힘이 받쳐주지 못하면 결국 영업력에도 한계가 드러나기 마련이다. 품질을 유지하는 것도 직원의 힘이 필요하고, 납품 기일을 지키는 것도 직원의 힘이 필요하다. 무조건 직원을 닦달하기만 해서는 원하는 결과물을 얻기가 어렵다.

홀대받고 있다고 느끼는 직원에게서 과연 무엇을 기대할 수 있는가?

답은 한 가지이다. 고객 대하듯 직원을 대해야 한다. 사실 스카우트 시장에서는 직원이 곧 고객이다. 그 고객들을 상대로 '우리 회사가 좋다.'며 여러 회사가 홍보전을 펼친다. 그런데 영업에서도 종종 범하는 실수지만, 뽑을 때는 정성을 다하면서도 뽑아놓고는 관리를 하지 않는다.

영업에서도 신뢰가 중요한 역할을 하듯이, 직원 관리에서도 신뢰는 매우 중요하다. 당장 직원이 원하는 복지 수준을 달성할 수 없을 때, 우리는 조금만 참고 일하면 좋은 날이 올 것이라고 말한다. 그런데 이 말을 어떻게 믿고 따르게 할 것인가?

인간관계란 마치 럭비공처럼 어디로 튈지 모르고, 공기처럼 정해진 모양도 없고 손으로 잡을 수도 없다. 인간관계를 럭비공이나 공기에 비유한 이유는 이처럼 모호하기 짝이 없고, 이처럼 예측하기 힘든 것도 없기 때문이다.

신문 배달을 생각해 보자. 어제까지 멀쩡히 신문을 구독하던 집에서 난데없이 이렇게 말한다. ‘내일부터 신문 넣지 마세요.’ 신문을 끊겠다는 생각은 절대 즉흥적인 것이 아니다. 짧게는 며칠 전부터, 길게는 몇 달 전부터 ‘이번 참에 신문을 끊을까?’ 하면서 생각을 키우다가 마음을 정하고, 통보한다.

이때 신문 영업자가 느끼는 기분은 어떨까? ‘지금까지 잘 보셨잖아요? 무슨 문제가 있으신가요?’ 나아가 그동안 서비스가 소홀했던 것은 아닌지 생각한 끝에 ‘1개월 무료로 넣어드릴게요.’ 하고 결정을 번복하도록 유도하기도 한다. 그러나 이미 굳어진 마음을 무슨 수로 돌이킬 수 있겠는가?

이처럼 고객의 마음은 수시로 변하기 때문에 관리가 필요하다. 관리를 하는 이유는 신뢰를 쌓기 위해서이다. 믿을 만한 사람이라는 생각이 들면 어지간해서는 거래처를 바꾸지 않는다.

신뢰는 철저히 통계의 산물이다. 누군가 착한 사람이 있다고 할 때 우리가 그를 착하다고 하는 이유는 그가 종종 착한 짓을 하기 때문이다. 가끔 착한 짓을 하는 사람은 절대 착한 사람이라고 부르지 않고, ‘쟤가 왜 저러지?’ 하며 집에 무슨 일이 생긴 것은 아닌지 걱정할 뿐이다.

믿을 만한 사람이라는 말 역시 그가 종종 믿을 만한 짓을 하기 때문이지, 가끔 믿을 만한 짓을 하는 사람이라면 역시 그 내막을 궁금하게 여길 뿐 끝내 그를 믿지 않는다.

이처럼 영업자와 고객 사이의 신뢰는 구체적인 실천 속에서 형성된다. 직원 관리 역시 마찬가지다.

평소 직장생활에서 직원들에게 어떻게 신뢰를 줄 것인가 하는 구체적인 해결책은, 이 책의 부록을 통해서 다시 설명할 것이다.

2

장기적인 계획 아래 인재를 육성하라

․ • ․ 중소기업을 경영하는 데 가장 어려운 점 가운데 하나는 이직이다. 들락날락하는 직원이 많으면 전문성도 떨어지게 되고, 남은 직원들의 사기도 떨어져 회사로서는 이만저만 손실이 아닐 수 없다.

특히 중소기업의 경우는 하나의 사업부가 극소수의 사람에 의해 운영되는 경우가 종종 있다. 대기업처럼 시스템이 완비되어 있는 것도 아니고, 인력을 쉽게 보충할 수 있는 상황이 아니므로 중소기업만큼 인력 관리가 절실한 곳도 없다. 그만큼 중소기업에서는 경영진 차원에서 직접 손발을 걷어붙이고 직원 관리에 나서야 한다.

중소기업에서 사장의 위치는 절대적이다. 공무원은 국가가 법률로 그 신분을 보장해주지만, 개인 기업에서는 사장의 말 한마디가 직원에게 미치는 영향은 엄청나다. 직원 입장에서는 사장에게 밉보이면 회사 생활이 어렵다고 생각하기도 한다. 반면, 사장에게 잘 보였다고 느끼면 사기가 충천해진다.

이런 이유로 사장은 매사에 신중해야 한다. 직원 한 사람, 한 사람이 자기 분야에서 최선을 다할 수 있도록 분위기를 조성해야 하고, 그 직원이야말로 그 분야에서 꼭 필요한 사람이라고 격려해야 한다.

사장이 나의 진가를 알아주고, 내가 중요한 일을 하고 있다고 느낄 때 가슴이 뿌듯해지면서 자부심이 생긴다. 사장은 직원들과의 접촉을 늘리고, 직원들의 존재감에 대해서 인정해 주도록 하자.

자발적으로 일하는 분위기를 만들어라

운동 경기에서는 승리자가 있으면 패배자가 있기 마련. 그런데 승패는 단순히 능력에 따라 결정되는 것일까?

"겁에 질려 실력도 제대로 못 펴 보고 바보처럼 창피 당하며 져 버리기는 절대 싫다. 질 때 지더라도 전력을 다해 부닥쳐 보겠다."

이 문구는 체육과학연구원이 선수들의 경기력을 극대화시키기 위해 10년간 개발한 1,200여 개의 문장 가운데 하나이다. 또 이런 문장도 있다.

"시간은 지나가게 마련이고, 이번 시합도 어차피 지나간다. 지나가고 나면 좋은 추억으로 남을 것.”

목표를 설정하고, 능력도 갖고 있다. 그런데 일은 실패로 돌아간다. 이럴 때는 열정이 부족한 것은 아닌지 의심해야 한다. 마음가짐을 어떻게 먹느냐에 따라 성공할 일도 실패로 끝나고, 실패할 일도 성공으로 귀결된다.

열정적인 회사를 만들기 위해서는 전 직원이 자발적으로 일하는 분위기를 갖도록 이끌어야 한다.

어떤 회사는 사장이나 중간관리자가 자리를 비우면 사원들이 태만해지는 경우가 있다. 이런 회사가 잘 될 리 없다. 사장이 자리에 있으면 일하는 척하고 사장이 자리를 비우면 덩달아서 자리를 뜬다는 말은 사장 눈치만 살살 본다는 말인데, 그러면 언제 일을 하겠는가?

일이란 누구에게 보이기 위한 것이 아님을 사원들에게 자각시키는 게 중요하다. 일이란 시켜서 하는 것이 아니라 자기 이름을 걸고 회사 전체를 위하여 하는 것임을 틈틈이 교육시켜야 한다. 자기가 맡은 일에 관해서는 스스로 책임을 질 수 있도록 하고, 스스로 마무리지을 수 있도록 해야 한다. 그럴 때 시장 경쟁에서 살아남을 수 있음을 깨달아야 한다.

직원 간 경쟁을 유도하라

눈치 보는 직원을 자발적인 직원으로 만들기 위해서는 직원의 근무 태도를 수시로 확인할 필요가 있다. 불시에 현장을 방문한다든지, 사무실로 전화를 걸어 업무진행 사항을 점검한다. 이렇게 시도 때도 없이 사장이 점검하고 있다는 인식을 심어주면 간부는 물론 일반 직원들도 긴장의 끈을 늦추지 않게 된다.

한편 직원 간에 경쟁심을 느끼도록 유도하는 방안도 있다. 직원 간의 발전적인 경쟁이 벌어지면 사장이 자리를 비울 때도 안심할 수 있다. 회사 일이란 누구 한 사람이라도 방심하면 문제가 발생할 수 있기 때문에, 인간적인 면에서는 부드럽고 친밀한 사내 분위기를 유도하더라도 회사 업무를 처리할 때는 엄격한 시스템이 필요하다.

가장 보기 좋은 모습은 직원들이 긴장감을 갖고 일하는 것이며, 경영진은 즐거운 분위기를 만들기 위해 사원 복지와 보상 체계에 관심을 기울이는 것이다.

먼저 사내교육부터 시작하라

당장 막노동이라도 해서 입에 풀칠을 할 것인가, 아니면 견디기 힘들더라도 조금 더 공부하여 취업을 할 것인가?

중소기업에서 직원 교육에 소홀한 이유는 이런 갈등 때문이다. 당장 먹고 살기가 어려운 형편인데 교육까지 시킬 여력이 있겠는가? 이렇게 교육을 등한시하는 까닭에 기업은 성장의 발판을 마련하지 못하고, 매년 같은 고생을 되풀이한다.

직원 교육의 중요성을 구구절절 설명치 않겠다. 오늘만 살고 그칠 것이라면 상관이 없겠으나 10년 뒤까지도 이 사업을 지속할 생각이 있다면 과연 이대로 직원 교육을 방치하는 것이 옳은 일인지 돌이켜 보기 바란다.

우수한 사원을 키우는 데 있어서 무엇보다 중요한 것은 사원들의 소질을 깊이 통찰하는 안목이다. 사람마다 자질이 다르므로 쓸 곳도 다르다. 주춧돌로 삼을 것을 옥으로 여기고 장롱을 꾸미는 데 쓰는 것만큼 어리석은 일도 없다.

태릉선수촌에는 오늘도 수많은 선수들이 올림픽을 대비하여 혹독한 훈련을 받고 있다. 이들은 이미 몇 년 전부터 전국 대회를 통해 실력을 입증받은 선수들이지만 다시 태릉선수촌에 들어가기 위해 엄격한 심사와 테스트를 거쳐 추리고, 그 뒤에 본격적으로 과학적이고, 체계적인 훈련을 받는다.

기업도 마찬가지다. 스카우트나 입사 시험을 통해 정해진 기준을 통과하여 채용한 직원들도 대기업만큼의 시스템은 아니더라도 회사가 필요로 하는 사람을 만들기 위해 부단히 애를 써야 한다.

대기업은 교육에 대해서 관심도 많고 체계적인 시스템도 갖추고 있다. 그러나 우리나라 전체 기업의 95%를 차지하는 중소기업에서는 그렇지 못한 것이 현실이다. 사람을 채용하기 바쁘게 곧 실무에 배치하고, 실무에 배치하고 나면 교육을 시키지 않는다.

그렇다고 중소기업이 대기업의 시스템을 도입할 수는 없다. 교육기

관에 입교를 시켜서 과정을 이수하도록 하는 것이 능사는 아니다.
우선은 입사자를 대상으로 오리엔테이션만이라도 충실히 시행한다.

오리엔테이션에서는 직원이 알아야 할 최소한의 정보를 가르친다.
대체로 다음과 같은 내용이다.

1) 회사 소개

2) 조직도 설명

3) 각 부서별 역할

4) 회사에서 만드는 상품

5) 시장 상황 설명

6) 작업 시 주의사항

당연한 것으로 여기고 있는 이런 내용이 실제에 있어서 얼마나 간
과되고 있는지 알아야 한다. 이 과정을 무시하고 실무에 투입하기
때문에 불량이 발생하고, 적응하는 데 실패한다.

이후의 교육은 이 과정의 되풀이라고 해도 과언이 아니다. 굳이 외
부 강사를 초빙할 필요도 없다. 회사 간부가 교육자가 되면 된다. 회
사 간부는 그 분야에서 수 년 또는 수십 년의 경험과 노하우를 확보
하고 있기 때문에 이들을 교육에 활용하는 게 관건이다.

이렇게 자사에 대한 교육이 충분히 이루어진 뒤에는 경쟁사나 기
타 모범업체에 대한 교육에 관심을 갖는다. 이때부터는 교육이라기
보다는 회사 차원에서 함께 고민하는 과정이 된다.

'다른 회사의 사정은 어떤가?'

우리 회사의 공정 과정이 최선이 아닐 수 있다는 생각에서 출발하여 경쟁업체 혹은 모범업체의 방식을 배우고 공유하는 것이 좋다. 이는 간부 차원에서도 관심을 기울여야 할 것으로, 직원들을 이보다 분발케 하는 계기도 없을 것이다.

해외로 이목을 돌려라

오늘날의 기업 활동은 국내에 국한된 일이 거의 없다. 사소한 부품 하나라도 외국 업체의 생산품인 경우가 허다하고, 해외의 경쟁업체까지 국내 시장에 뛰어든다. 이제는 전 세계를 통해 정보를 수집해야 하고, 경쟁을 펼쳐야 한다. 국내 시장에만 시선이 머물면 우물 안 개구리가 될 수밖에 없다.

우리가 만들고 있는 상품이나 제품이 세계시장에서 어떤 위치를 차지하는가.

가격 경쟁력은 어떤가.

기술 동향은 어떻게 바뀌고 있는가.

이런 정보와 지식이 없으면 기업은 결국 도태하기 마련이다.

해마다 세계 곳곳에서는 각종 박람회나 전시회가 열리고 있다. 그런 행사를 관람하거나 참여해서 경쟁업체의 동향을 파악하자. 선진 회사를 직접 방문하는 것도 중요하다. 경쟁사의 생산시스템, 품질시스템은 어떻게 이루어져 있는지 직접 눈으로 확인하며, 제품의 장단점을 비교분석함과 동시에 상대방의 장점을 벤치마킹할 수 있도록 노력해야 한다.

멘토를 갖도록 격려하라

흔히 실패하고 나면 '수업료 냈다고 생각하라.'는 말을 듣는다. 학습 과정에서 실패만큼 중요한 역할을 담당하는 것도 없다. 이미 배운 것을 실패할 때와, 모르고 실패할 때의 차이는 매우 크다. 모르는 상태에서 실패하면 무엇이 문제이지 모르지만, 익히 들어왔던 일에서 실패하면 곧장 자신을 반성하게 된다.

이런 장점 때문에 기업 현장에서는 멘토링이 강조된다. 경영학에서 멘토링이란 '현장 훈련을 통한 인재 육성 활동'으로 정의된다. 즉 회사나 업무에 대한 풍부한 경험과 전문 지식을 갖고 있는 사람(멘토)이 1:1로 전담하여 구성원(멘티)을 지도, 코치, 조언하면서 실력과 잠재력을 개발, 성장시키는 활동이다. 최근에 많은 기업들이 도입하고 있는 후견인(군대에서는 '사수') 제도가 바로 멘토링의 전형적인 사례이다.

미국의 자기계발 전문가인 브라이언 트레이시(Brian Tracy)는 "성공이란 당신이 가장 '즐기는 일'을 당신이 '감탄하고 존경하는 사람들' 속에서, 당신이 가장 '원하는 방식'으로 행하는 것"이라고 말했다. 주변에 감탄하고 존경할 만한 스승이나 선배가 있다면 앞길은 이미 열려 있는 셈이다. 멘토의 가르침에 따라 목적지를 향해 묵묵히 걸어가는 것은 후배의 몫이다.

경영자를 포함하여 전 직원에게도 멘토가 필요하다. 발전 없이 늘 제자리걸음만 할 때, 그때가 멘토가 필요한 시기이다. 내가 무언가를 배울 수 있는 사람, 따라하고 싶은 역할모델(Role Model)이 있다면 그 얼마나 든든하겠는가.

멘토가 꼭 연세가 많은 분이거나 학교 선배, 직장 상사일 필요는 없다. 동료든 후배든 각 분야에서 배울 게 있는 사람이라면 주저 없이 찾아가 도움을 청해야 한다. 도움을 청하기가 겸연쩍거나 어렵다면 그를 유심히 관찰하고 모방하는 것도 좋은 방법이다. 창조야말로 위대한 모방에서 나온 것이기 때문이다.

'근묵자흑 근주자적(近墨者黑 近朱者赤)'이라고 했다. 먹을 가까이 한 사람은 검어지고, 인주를 가까이 한 사람은 붉어지기 마련이다. 성실하고 지혜롭고 덕 있는 멘토를 가까이 모시는 사람은 저절로 인격이 감화되기 마련인 것이다.

한두 번의 실수로 인사 조치를 해서는 안 된다

'직원이 마음에 안 들면 내보내고 또 채용하면 되지 않는가?'

이렇게 생각하는 경영자가 있다면 이 회사는 더 이상 희망이 없다. 사람을 소중히 여기지 않고, 개인적인 감정이나 마음의 잣대로 직원을 판단한다면, 누가 그 회사에 정을 붙이려고 하겠는가. 기회가 닿는 대로 떠나겠다며 가슴에 사직서를 품고 다니지 않겠는가.

물론 사규나 회사의 규칙에 대해서는 엄격하게 교육시키고 관리해야 한다. 그러나 교육과 인간적인 관계맺음은 달리 해야 한다. 훌륭한 직원이나 회사가 필요로 하는 직원을 만들기 위해서는 끊임없는 교육 못지않게 자상한 관리가 필요하다. 업무를 처리하는 과정에서 발생한 실수에 대해서는 따뜻한 배려가 필요하다는 말이다.

실수도 일종의 교육이다. 실수가 반복되면 안 되지만, 한두 번의 실수로 인사 조치를 감행해서는 안 된다. 회사로서도 이처럼 큰 손실은 없다. 인사 관리는 공정함도 중요하지만, 경영자의 인간적인 면모를 느낄 수 있도록 처리해야 한다. 그래야 직원들이 회사를 보금자리로 여기게 되고, 회사에 애착을 갖고 더욱 정성을 다해 일한다.

아무리 직원들에게 관심과 배려를 베푼다고 해도 불가피한 사정으로 이직을 할 때가 있다. 사표 받을 준비를 하고 일을 시키라는 뜻이 아니라 이직의 공백으로부터 회사를 최대한 보호하기 위해서는 반드시 책임자를 이중으로 두고 관리한다. 주로 회사 차원의 프로젝트나 특수한 업무에 한하여 정·부를 두는 방안이 좋다.

회사 입장에서는 최소한 업무가 중단되는 일은 막아야 한다. 직원 입장에서도 정·부 제도는 오히려 도움이 된다. 휴가나 출장 때문에 자리를 비우더라도 자신을 대신할 책임자가 있기 때문에 최소한 해당 업무가 중단되는 일은 없다.

관계 팀 간에 일을 해나가다 보면 어느 팀 한 사람의 부재로 인해서 회의가 중단되거나, 사실 관계 확인이 불가능한 경우도 종종 발생한다. 이럴 때를 대비해서라도 정·부 제도를 운영해야 한다.

회사 전체적으로 보면 가급적 정보를 널리 공유하는 게 좋다. 사내 컴퓨터망을 통해서 회사에서 진행되고 있는 일들을 전체 직원에게 회람시키는 것이 바람직하다.

부서 간 이기주의를 없애라

팀워크는 아무리 강조해도 지나침이 없다. 개개인을 이끌고 공동의 목표를 달성해야 하는 조직 사회에서 팀워크가 없으면 오합지졸이 되기 십상이다. 축구에 전원공격, 전원수비라는 용어가 있다. 골키퍼를 제외한 10명의 선수가 공격할 때는 함께 공격하고, 수비할 때는 함께 수비하는 것을 말한다. 마찬가지로 회사도 전원공격, 전원수비의 자세로 경기에 임해야 한다.

예를 들어 업무 과정에 문제가 발생했다면, 조직 구성원은 한마음 한뜻으로 문제를 해결해야 한다. 개발 스케줄에 문제가 발생했건, 생산 수량을 납기에 맞추지 못했건, 품질 자체에서 문제가 발생했건 관련 직원들이 모두 철야를 해서라도 문제를 해결하겠다는 자세가 중요하다.

문제가 발생했을 때, 우리 부서 문제가 아니니까, 내 일이 아니니까 하며 발뺌을 하면 절대 안 된다. 물론 관련부서 또는 관계자에게 도움을 청하기가 쉽지 않은 경우도 있다. 하지만 회사 전체의 이익을 위한 일인 만큼 부서 간 이기주의는 철저히 막아야 한다. 경영진에서는 팀워크의 중요성에 대해서 다시 한 번 인지하고 전 사원이 상부상조할 수 있도록 평소 교육에 만전을 기해야 한다.

3

경쟁력을 높이는 인재 스카우트 기술

필요한 부서에서 직접 발굴토록 하는 것이 핵심

유능한 인재를 스카우트하는 것도 회사 경쟁력을 높이는 길이다.

나는 직장생활 25년간, 모두 100여명의 직원을 스카우트했다. 인사담당이 아니면서 이렇게 많은 직원을 스카우트한 것은 아마도 드문 일이 아닐까 싶다.

그러나 내 경험에 비추어 보면 스카우트는 인사부에서 담당할 일이 아니다. 그들은 현장에서 발로 뛰는 직원보다 관련 분야의 일을 알지 못한다. 물론 인재가 나타나면 소문은 퍼지기 마련이다. 그러나 소문이 퍼진 뒤에는 늦다. 또한 소리 없는 강자도 얼마든지 있다. 인재 스카우트는 그 일의 책임자나 관련 분야 종사자가 담당해야 한다.

다음에 소개하는 스카우트 요령 역시 이런 생각이 밑바탕에 깔려 있다.

동종업체 직원들로부터 추천받기

:

경력사원을 채용할 때, 인터넷이나 이력서와 같은 제한된 정보만으로 적합한 사람인지 가리기는 쉽지 않다. 이보다는 해당 전문분야에 종사하는 직원들로부터 어느 회사, 어느 분야에 근무하는 어떤 직원이 우수한지 정보를 수집한다.

가급적 관련업종에 근무하는 타사 직원이나 해당 회사 직원들로부터 검증된 인물로 압축해 간다. 인물이 선정되면 수집 가능한 분야까지 기초자료를 수집한다. 업무능력, 결과물, 연봉, 나이, 가족관계, 거주지 등을 자료 파일(data file)에 저장하고, 적당한 시기에 접촉한다.

스카우트 대상자를 만날 때는 편안한 대화가 관건이다. 상대방이 당황하지 않도록 이쪽의 신분, 이름 등을 정중히 밝히고 "동종업계에 종사하는 사람끼리 커피나 한 잔 하자."거나 "알고 지내고 싶다."며 만남을 제안한다.

스카우트 대상자에게 신뢰감 주기

낯선 사람이 다가오면 누구라도 경계심을 갖는다. 상호 간에 마음을 열고 대화를 할 수 있도록 분위기를 조성하는 것이 관건. 공통 관심사를 빨리 찾아내는 것이 중요한데 내 경우는, 신앙생활이나 가족관계와 같이 사적인 질문으로 대화를 시작한다.

말문을 열었다면 이제 뜸 들이기를 시작한다. 본론으로 들어가기에 앞서 시간을 충분히 가지면서 긴장을 풀도록 노력해야 한다. 최근 이슈가 되는 이야기라면 무엇이든 좋다. 목적은 공감대를 형성하는 것이다. 이에 맞춰 대화를 진행한다. 취미가 같다면 취미생활에 대해 대화를 나누어도 된다. 서로 알고 있는 지인이 있을 때에는 그 지인에 대해서 대화를 나눌 수 있도록 한다. 상대의 표정이나 자세를 잘 관찰하고 있다가 긴장의 끈이 다소 느슨해졌다고 판단되면 이제 본론으로 들어간다.

상대가 필요한 인재임을 설득한다

'꼭 필요한 사람'이라는 말을 싫어할 사람은 없다. 그러나 단순히 '꼭 필요하다.'는 식은 곤란하다. '돈을 더 많이 준다.'와 같이 복지 수준이 좋다는 식도 곤란하다. 이보다는 우리 회사가 왜 당신을 필요로 하는지 합리적으로 설득해야 한다.

상대방의 입장에서 보면 '세상에는 나보다 뛰어난 사람들이 많은데, 왜 굳이 나를 원하는 걸까?', '내가 가면 과연 잘할 수 있을까?', '과연 내 능력이 그만큼 되는 걸까?' 고민하고 걱정하기 마련이다. 이처럼 생각이 많아지면 당연히 망설일 수밖에 없다. 상대가 그런 고민에 빠지지 않도록 명확한 비전과 가능성을 제시해야 한다.

이때 합리적인 설득을 위해서 필요한 것이 앞서 말한 기초자료 조사하기. 상대의 능력이 우리 회사에서 어떻게 쓰일 것인지 구체적으로 설명할 수 있으려면 기초자료 조사가 꼼꼼해야 한다. 또한 대화 중에 상대방이 궁금해 하는 점을 자신 있게 답변하기 위해서도 꼭 필요하다. 상대에 대한 주도면밀한 연구와 정성은 스카우트에 임할 때의 기본자세이다.

설득 과정은 생각보다 지난한 경우가 많다. 나는 1995년 겨울 퇴근 시간에 영하 10℃의 추위를 무릅쓰고 사당역 6번 출구에서 1시간을 기다린 적이 있다. 어찌나 덜덜 떨면서 기다렸는지 입이 꽁꽁 얼어붙어 막상 만나서 인사를 나누는데 말문이 안 열려서 고생한 적도 있었다. 그만큼 정성을 쏟는다면 상대도 마음의 문을 열지 않을 수 없을 것이다.

지속적으로 관심을 갖는다

스카우트란 회사에 인재가 필요할 때 이루어진다. 그런데 그 인재 역시 그토록 스카우트를 갈망하고 있었을까? 스카우트를 조금 달리 바라보면, 회사를 잘 다니고 있는 사람을 부채질하여 자신의 회사로 데려오는 것이다. 당연히 스카우트 대상자에게 주도권이 있다.

그러나 누구라도 직장생활을 오래하다 보면 스트레스와 불만이 생길 수 있다. 사람에 따라서 차이가 있겠지만 이 시기에 스카우트 제의가 들어오면 마음이 흔들리기 마련이다. 그런데 어떻게 이를 사전에 알 수 있는가? 그래서 꾸준한 관심이 필요하다는 말이다.

잘 나가던 회사를 옮기는 일은 당사자로서는 쉽지 않은 결정임을 이해해야 한다.

당연히 상대방이 마음을 굳힐 수 있게 '회사를 옮기는 게 왜 유리한지, 우리 회사의 비전과 실적이 어떤지' 공유해야 한다. 예를 들면 "업계 시장 점유율 1위, 세계 최고의 기술 확보 등의 목표를 향해서 같이 나아가자."고 설득하되, 같은 이야기를 주기적으로 반복해서 들려주어야 한다. 일정기간 사이가 뜸하면 상대방은 '나를 별로 중시하지 않는구나.' 하고 여긴다.

내 경우, 어떤 직원을 스카우트하는 데 5년이 걸린 적도 있었다. 꾸준한 관심과 정성은 아무리 강조해도 지나치지 않다.

실패해도 관계를 계속 유지한다

스카우트만을 목적으로 잠시 만났다가 별 성과가 없다고 판단하고 연락을 두절하면 다음에 또 필요한 일이 생길 때 아무 도움을 받을 수 없다. 이렇게 해서는 단골도, 인맥도 확보될 리가 없다. 비단 스카우트뿐만 아니라 어떤 일이든지 '지성(至誠)이면 감천(感天)'이라는 말처럼 꾸준히 정성을 들이는 것이 관건이다. 이렇게 관계를 유지하다 보면 취업 의사를 나타낼 수도 있고 더 좋은 인맥으로 발전될 수도 있다.

입사 지원자의 이력서를 관리한다

스카우트 과정에서 작성한 이력서나 공채 시에 접수되었지만 면접 과정에서 아깝게 탈락한 사람들의 이력서를 잘 관리하자. 이들에게 가끔씩 전화로 근황이나 안부를 주고받으면서 꾸준히 관계를 유지하고 있으면 향후 추가 인력이 필요할 때 의외로 요긴하게 활용할 수 있다.

인간관계는 끝이 없다. 공채에서 탈락했다고 이력서를 폐기하지 말고 파일에 잘 보관하여 틈틈이 연락한다. 당장은 인연이 없어 한 가족이 되지는 못했지만 이런 인연을 통해 좋은 인맥으로 발전할 수 있다.

입사하면 정착할 때까지 돕는다

스카우트를 통해 입사한 본인도 새로운 직장에 정착하기 위해 노력하겠지만 주위에 있는 모든 직원들이 돕지 않으면 의외로 적응에 실패하여 회사를 떠나는 경우도 있다.

스카우트 담당자는 입사자가 편하게 생활할 수 있도록 세세한 부분까지 신경을 써야 한다. 관계부서 오리엔테이션, 상하 간 인사시키기, 식사시간 동행 등 사소한 일부터 챙겨서 서운한 마음을 먹지 않도록 돌보아야 한다.

어느 대기업에서는 스카우트한 인재가 중도 퇴사 시에는 해당 CEO에게 책임을 묻는다고 한다. 기업은 곧 인재다. 훌륭한 인재를 영입하고 나서 관리를 못하면 애초에 스카우트를 하지 않느니만 못하다.

기존 직원들이 섭섭하지 않도록 한다

굴러온 돌이 박힌 돌을 뽑는다는 속담이 있다. 기껏 유능한 인재를 스카우트했는데 다른 유능한 직원이 퇴사한다면 오히려 스카우트를 안 하는 것보다 못하다. 회사에서 필요로 해서 스카우트하는 일이지만 기존 직원들이 소외되거나 불이익을 받는다는 생각을 하지 않게끔 상담과 교육을 통해서 양해를 구하고, 협력할 수 있도록 노력해야 한다.

스카우트 이후의 알력 다툼 때문에 CEO들의 속이 시커멓게 타들어간다고 한다. 하지만 또 인사관리만 잘 되면 그만큼 기업은 성장하고 발전하는 것이 아닌가. 그래서 CEO의 의사결정 가운데 가장 중요한 것이 바로 인사이다.

비전, 전략, 마케팅, 기술개발 등 CEO가 내려야 할 의사결정은 참으로 많지만 그 모든 것이 결국은 사람을 통해 이루어지기 때문에 인사가 만사라는 말이 회자된다. 적당한 사람을 뽑아 적당한 자리에 배치하고 그들이 제 역할을 하도록 하는 것이 인사인 만큼 인사의 중요성은 아무리 강조해도 지나치지 않다.

적절한 인사는 성과로 나타나기 마련이다. 새로운 사람을 배치한후 3개월간 아무 성과가 나타나지 않으면 이는 '잘못된 의사결정'이라고 하니 끝까지 안심하지 말고 사람 관리에 총력을 기울이자.

느긋한 1류보다는 절실한 2류에게 취업의 기회를 주어라

쫄쫄 굶주린 경험이 없는 사람은 밥 한 그릇의 소중함을 못 느낀다.

배가 고파서 허기진 배를 움켜쥐고 먹을거리를 찾아 나선 사람들은 밥의 고마움을 뼈저리게 느낀다.

직원 채용 공고를 내면 여러 부류의 사람들이 면접을 보러 온다. 넉넉한 집안에서 남부럽지 않게 자란 사람도 있고, 학벌도 좋은 사람도 있다. 또 평범하게 자란 사람, 지금 당장 취업이 급한 사람도 있다.

대기업이야 사람을 고를 수 있는 입장이므로 상관이 없지만, 이름도 없고, 복지 혜택도 나을 것이 없는 중소기업이라면 굳이 느긋한 1류보다는 절실한 2류에게 취업의 기회를 주는 것이 좋다고 생각한다.

우리 회사는 비교적 어렵게 생활했던 직원들이 많다.

백령도가 고향인 한 직원이 있는데, 파도가 조금만 일어도 출항이 취소된다고 한다. 그 정도로 오지에서 살고 있던 까닭에 자기보다 조건이 나은 수험생 대신 자신을 뽑아준 회사에 대해 감사하는 마음으로 열심히 일하고 있다.

또 한 사람은 음식점에 상추를 공급하던 개인 사업자였는데 경기가 어렵다보니 공급 음식점이 반 토막이 나면서 소득도 월 100만 원으로 줄었다고 했다.

업무능력도 능력이지만, 이처럼 어려운 사람을 취직시켜서 회사 직원으로 키워간다면 정말로 열심히 일하지 않겠나 생각했더니, 정말 직장을 천직으로 여기고 쉴 틈 없이 일한다. 직장을 필요로 하는 사람에게서 열정이 피어난다.

모든 문제는 현장에 있다! 현장 파악의 기술

"그 회사가 잘 되고 있는지, 안 되고 있는지를 판단하려면 제품 창고 앞에 화물차나 컨테이너가 얼마나 분주하게 왔다 갔다 하는지 보기만 하면 된다."

1

현장에서,
현물을 보고,
현상을 파악하라

작업 현장은 회사의 심장이다

예전 직장에 몸담고 있을 때다. 하루는 그룹 회장님을 모시고 현장을 다녀온 적이 있다. 그때 회장님이 이런 말씀을 하셨다.

"그 회사가 잘 되고 있는지, 안 되고 있는지를 판단하려면 제품 창고 앞에 화물차나 컨테이너가 얼마나 분주하게 왔다 갔다 하는지 보기만 하면 된다."

마치 피가 심장으로 들어갔다가 온몸으로 퍼져나가듯이 공장과 창고는 그 회사를 움직이게 하는 심장이다.

기업의 심장은 단 1분도 멈추어서는 안 된다. 현장이 활발하게 움

직이는 가운데 열정과 아이디어가 샘솟는다. 작업 현장이 한가하다
는 말은, 심장이 멎은 것과 다름없다.

경영자는 수시로 현장을 방문하여 일이 정상적으로 진행되고 있는
지, 원칙을 벗어나지는 않았는지 이중 삼중으로 점검해야 한다. 점
검을 소홀히 하는 순간, 심장은 위험에 처하게 된다. 아무리 아이디
어가 좋고, 영업력이 출중해도 현장이 삐거덕거려서는 대성하기 어
렵다.

더 이상 책상에 앉아서 결재하는 습관을 버려야 한다. 귀찮고 힘
들더라도 결재를 내리기 전에 반드시 현장을 눈으로 확인해야 한다.

사실을 확인하지 않은 상태에서 결재가 이뤄지면 당신은 눈 뜬 장님
이 되기 쉽다. 현장은 오른쪽으로 가고 있는데 결재만 왼쪽으로 내리
면 무엇을 하는가? 이런 사소한 습관의 차이 때문에 경비가 과다 지
출되고, 나아가 회사의 신뢰마저도 소리 소문 없이 무너지게 된다.

다음은 현장을 확인하지 않았을 때 발생할 수 있는 일을 나열한
것이다.

● 경영진이 현장을 확인하지 않고 결재하는 습관을 들이면 현장 직원
들도 건성으로 결재를 올리게 된다.

● 업무를 개선하거나 공정을 바꿔서 문제를 해결할 수 있음에도 불구
하고 무리하게 신규설비에 투자하거나 인원을 충원하여 재정을 낭비
하는 일도 벌어진다.

● 영업자가 신규 거래를 트기 위해 거래선을 파악할 때도 반드시 현장

을 방문해야 한다. 현장을 둘러보면서 거래해도 괜찮은 회사인지, 부
품을 공급해도 되는지 가늠해야 한다. 만일 현장이 절간처럼 조용하
다면 재정상태가 나쁘거나 직원들이 태만에 빠져 있다는 증거이다.

● 매장을 설치할 때도 현장 확인은 필수이다. 부동산 중개업자나 경험
이 부족한 영업사원의 말만 믿었다가 유동인구가 적은 지역에 매장
을 얻는 경우도 더러 있다. 일부 금융업체에서는 현실적으로 대출이
불가능한 업체에 거액을 대출해서 막대한 피해를 입는 경우도 벌어
진다.

심장이 멈춰서는 안 된다

거래를 하다 보면 바이어들의 가격 네고 요청이 심하다. 대체로 협의
를 거쳐 일정 부분 가격을 깎기 마련이지만, 가끔 협의에 실패하여
공장 가동이 중단되는 경우가 있다. 기계가 멈추는 것만큼 제조업체
로서 손해가 큰 경우도 없다. 이때는 가격을 낮춰서라도 우선적으로
현장이 돌아가도록 해야 한다. 이후에 역으로 제조원가를 맞추는
것이 생존 비결이다.

직장에 자원봉사를 나온 사람들은 없다. 돈을 벌기 위해 출근했
는데 일감이 모자라다면 어떻겠는가? 마케팅이 술술 풀려서 물건을
많이 판다면 이보다 좋을 수는 없겠지만, 혹 자체 상품을 만들 수
있는 여력이 부족하다면, 직원 입장에서는 단순 임가공이라도 해서

월급을 받을 수 있는 회사를 찾기 마련이다.

또한 직원 입장에서 일감이 부족하면 생각이 많아진다. 남는 시간, 발전적이고 진취적인 아이디어를 찾으면 좋으련만 실제로는 부정적인 생각을 하는 경우가 더 많다.

'과연 우리 회사가 안전할까?' 하는 불안감이 생길 수 있고 '우리 회사는 경영을 잘못하고 있는 거야.' 하고 부정적으로 생각한다.

아이디어나 창의적인 생각도 바쁘게 돌아가는 가운데 반짝 떠오르는 것이지, 일감이 없어 축 늘어진 생활 속에서는 절대 떠오르지 않는다. 실상이 어떻든 현장은 분주히 움직여야 한다.

현장의 흐름과 호흡을 같이 한다

제품의 부가가치는 현장에서 만들어진다. 경영자가 현장을 모르면 기업은 원활히 운영될 수 없다.

소아마비 때문에 군대를 면제받은 지인이 있다. 그런데 그 친구는 군대 얘기만 나오면 열변을 토한다. 귀동냥한 얘기가 어찌나 많은지 군대를 다녀온 사람 뺨 칠 만큼 군대의 생리를 속속들이 안다. 그런데 작업하면서 흘린 땀방울이나 몰래 모포를 뒤집어쓰고 울었던 기억들, 진한 동료애, 첫 휴가의 감격적인 순간과 같이 군대를 경험하지 않고는 짐작키 어려운 일들이 화제에 오르면 그 친구는 함구하곤 한다.

이런 경험은 직접 체험하지 않고서는 자신의 것으로 만들 수 없기 때문이다. 경영도 마찬가지다. 손으로 만져보고, 눈으로 보면서 직접 경험하는 것이 내 것으로 만드는 지름길이다.

회사를 설립한 창업자는 비교적 현장을 소상히 알고 있다. 공장을 지을 때부터 함께 땀을 흘렸기 때문에 생각만 해도 가슴이 뭉클해지는 법이다.

그러나 전문 경영자나 관리자는 창업자보다 상대적으로 현장에 대한 애정이 떨어진다. 물론 경영이나 관리 면에서 전문성을 갖췄기 때문에 그 자리에 올랐겠지만, 반면 현장에 대한 감각이 떨어질 수 있다.

회사에 따라 조직이나 현장도 천차만별이다. 자신의 회사에 맞는 방식을 찾되 주기적이고 체계적인 방식에 따라 현장을 방문하여 일선 직원들과 대화하며 그들이 무슨 생각을 하는지, 애로사항이 무엇인지 파악하고 수시로 격려한다.

다음 사항을 참조하여 현장을 방문할 때 반드시 체크하자.

● 일선 현장 직원들의 생각과 애로사항에 대해서 알고 있는가?

● 제조현장에서 충분한 생산이 이뤄지도록 부품은 적시에 공급되고 있는가?

● 납품 물량에 비해 생산력은 충분히 갖추어져 있는가?

● 설비가 노후화되어서 제품 품질에 이상이 발생하지는 않는가?

● 생산된 제품을 운송차량에 싣는 과정이 정상적으로 이루어지는가?

- 제품을 싣는 과정에서 관계 부서 간에 유기적인 협조체제가 이루어 지는가?

- 제품을 싣고 고객사까지 이동하는 과정에 문제점은 없는가?

- 고객사에 납품을 완료한 뒤 만족도를 평가하는가?

재고 숫자는 항상 틀리다

가끔 직원들을 통해 재고수량을 확인하는 경우가 있다. 그런데 보고를 하는 직원마다 수량이 다른 경우가 비일비재하다. 생산관리팀장, 생산관리담당, 영업담당, 생산팀장 등의 보고가 다르다 보니 경영자 입장에서는 당연히 짜증도 나고 직원들이 무능해 보이기도 한다.

왜 이런 일이 벌어질까? 재고수량을 파악하는 시간대가 다르기 때문이다. 하루 전에 파악한 사람이 있는가 하면 이틀 전에 파악한 사람도 있고, 불과 몇 시간 전에 조사한 사람도 있다. 조사 시간대가 다르므로 재고수량에 차이가 나는 것은 당연하다.

따라서 중요한 사항을 결정할 때는 따로 재고를 파악해야 한다. 예를 들어 단종을 하거나, 클레임을 청구하거나, ORDER 취소를 승인할 때는 실무자를 통해서 현장실사를 하고 자재 재고까지 파악해야 한다. 잘못된 정보에 근거해서 결정을 내리면 본의 아니게 손실을 입을 수 있다.

2

끊임없이 개선하고 또 개선하라

강한 기업이 아니라, 변하는 기업이 살아남는다

경영자든 직원이든 기업이 처한 상황을 냉정하게 파악하고 있어야 그 다음을 넘볼 수 있다. 만일 사내에 이런 인식이 형성되어 있다면 그 다음에 비로소 개선 방안을 찾을 수 있다.

오늘날의 기업 경쟁은 매우 치열하다. 가격원가에서부터 생산성, 품질, 기능 등 모든 부분에 걸쳐 잠시도 제자리에 머물러서는 안 되고, 항시 경쟁력을 유지할 수 있도록 개선 방안을 찾아야 한다.

간단한 것 같아도 막상 개선 방안 찾기는 쉽지 않다. 매일매일 지금보다 향상된 기법을 찾겠다는 생각과 노력이 없다면 회사는 정체에 빠지고 만다.

개선 제안은 특정 그룹에 국한된 업무가 아니다. 사장이나 임원의 지시에 따라 공정이나 방법을 바꾼다든지, 팀장급이나 일부 간부급에 한해서 개선 활동을 벌이면 효율이 높지 않다.

개선 제안제도는 전 사원을 대상으로 해야 한다. 관리자는 물론이거니와 현장에서 작업하고 있는 근로자, 식당 아줌마, 경비아저씨 등 전 사원이 자신이 맡은 일은 물론, 동료가 하는 일, 나아가 회사 전반에 걸쳐 개선 방안이 떠오르면 주저 없이 제안할 수 있도록 해야 한다.

개선을 제안할 때는 특별한 형식이 필요 없다. 근거가 없어도 좋고, 설명이 없어도 좋다. 번뜩이는 아이디어 하나만 적으면 그만이다.

개선 제안제도를 생활 속에서 구현하기 위해서는 다소 불편하더라도 의무제로 운영하는 것이 바람직하다. 전 사원을 대상으로 월 1건이든, 주 1건이든 주기적으로 제출토록 하고, 이를 팀 단위에서 확인한 뒤 경영진이 수렴한다.

우측에 개선 제안제도를 소개한다. 이 표를 참조하되, 굳이 형식에 구애받을 필요는 없다. 핵심은 표를 만드는 것이 아니라 제안제도를 꾸준히 실행하는 것이다.

개 선 제 안

작성	검토	승인

성명 : 을지문덕　　소속 : ○○팀　　공정위치 : ○○○　　개선일자 : 2010년 ○월 ○일

제목 : ○○○ 분리 시 낭비되는 Air 소모량 개선　　　　　　실시여부 : ■ 실시 □ 미실시

개 선 전	개 선 후
1) 간단하게 표시 ○○○ 분리기의 제품도착 부분에 사용되는 Air는 ○○○가 안정적으로 안착되어 절단이 되도록 해 주는 역할을 함. 가동 시 계속적으로 Air가 공급되므로 Air 소모가 심함.	**1) 그림이나 글로 표시** 제품이 절단부분에 도착하여 센서에 감지되면 Air를 공급하고, 동작이 완료되면 Air가 공급되지 않게 함으로써 필요한 시점에서만 Air가 공급되도록 동작 개선
2) 문제점 및 원인 항상 Air가 공급되는 상태이므로 전체 공압이 낮아지는 문제점 발생	**2) 대책** Air를 제어할 수 있도록 솔레이노이드와 센서를 연결하여 자동적으로 ON/OFF가 될 수 있도록 개선
	3) 개선효과 Air가 필요한 시점에서만 공급되므로써 동작시간이 감소하여 전체 Air 소비량이 줄어드는 효과가 있음. (다른 설비에 영향 감소) ※ 전월 대비 3008 Cavity 분리가 Air 소비량 50% 감소

검토자 의견	※ ○○○ 분리기 전 Model에 확대 적용 완료→ 대기 상태에서 낭비되는 Air 소모량 감소로 원가절감에 기여함.	미실시 제안		등급	보류	실행 후 평가	기각
		실시 담당자		평가	C		
		실시 시기					

개선 제안, 양이 질을 리드한다

주변을 둘러보면 개선 제안을 통해 회사의 경쟁력을 극대화한 곳이 많다. 이런 사례를 접한 뒤로 개선 제도를 시작하는 경우가 많은데 생각만큼 쓸 만한 방안은 드물다.

이렇게 답이 없는 개선 제안제도를 지속해야 하는가 하고 고개를 갸웃하기 전에 이 말부터 살펴보자.

"양이 질을 리드한다."

개선안을 지속적으로 제출하다보면 한 번 더 생각하기 마련이고, 점차 생각이 발전한다. 이렇게 개선 방안을 찾으려고 하는 와중에 반짝 하고 아이디어가 스친다.

따라서 개선 제안은 전 사원을 대상으로 주 1회 정도는 실시해야 한다. 몇 개월에 한 번씩 마지못해 제출하는 것과 지속적인 관심을 갖고 제출하는 것은 그 효과 면에서 천양지차다.

개선 제안제도의 바람직한 정착을 위해서는 팀장의 역할이 필수적이다. 팀장은 평소 팀원 교육에 힘을 쓰되, 직원들이 부담을 느끼지 않도록 조절할 필요가 있다. 이때 팀장으로서 팀원에게 당부할 사항을 정리하면 다음과 같다.

- 개개인의 행동반경 주변에서 쉽게 찾을 수 있도록 할 것
- 일하기 불편한 것이나 작업 효율을 높일 수 있는 방안을 찾도록 할 것

팀장을 대상으로 아이디어 발상회의를 열어라

개선 제안제도와 별도로 아이디어 회의를 진행할 것을 권한다.

예전 직장에서도 사업부장이 주관하는 아이디어 발상회의가 있었다. 참석자는 각 팀의 팀장들이었는데 당시 나는 상품기획과장으로서 서기 역할을 했다.

회의는 매월 1회씩 아침 근무 시작 1시간 30분 전에 열렸는데 한 사람씩 돌아가며 자기가 준비한 아이디어에 대해서 발표했다.

참석자들은 주로 기존 상품에 새로운 기능을 부가하는 방안, 우리 회사에는 없는 신규 상품이나 신규 사업에 관해서 아이디어를 찾았다.

준비 기간이 1개월이기 때문에 자료도 풍부했고, 발표 내용도 진지했다. 그렇게 1년간 회의를 진행하다 보니 실제로 기존 제품에 적용된 적도 있었고, 신규 사업부가 탄생한 적도 있었다.

경쟁사가 시도하지 않은 노력은, 결과로 돌아오게 되어 있다. 특히 개선 제안제도와 병행할 때 위로나 아래로나 조직을 결속하고, 사업의 미래를 준비하기에 탁월한 효과가 있음은 분명하다.

개선안, 격려하고 보상하고, 중지하지 말라

개선 제안제도나 아이디어 발상회의를 정착시키고, 각자의 분발을 촉구하기 위해서는 적절한 보상이 뒤따라야 한다.

특히 제안된 개선안이나 아이디어를 통해 생산성이 크게 향상되었거나 상품의 경쟁력에 크게 기여하여 매출과 수익이 올랐다면 당연히 이에 걸맞은 회사 차원의 보답이 필요하다.

또한 이런 제도는 체계적인 관리가 필요하다.

주 단위로 들어오는 개선 제안과 1개월간 준비한 아이디어를 처리하기 위해서는 우선 주간단위나 월단위로 분류시키고, 나아가 신기술부분, 원가절감부분, 공정개선부분, 경영개선부분 등 몇 가지 영역으로 구분하여 영역별로 심의위원을 둔다.

개선 제안이나 아이디어 발상의 목표는 궁극적으로 회사의 부가가치를 높이는 데 있다. 그러나 섣부르게 적용하면 자칫 회사의 손실로 이어질 수 있으므로 실제 적용에서는 신중해야 한다. 성과를 거두어야 한다는 생각에 급급하면 실패 확률이 높아진다.

개선 제안과 아이디어 발상회의는 기업이 존속하는 한 중지해서는 안 된다. 지금은 무한경쟁 시대임을 잊지 말고, 남이 하지 않는 아이디어 상품을 출시한다든지, 신규 상품, 신규 사업에 꾸준히 관심을 기울이자. 회사는 정체되면 퇴보하기 마련이다.

3

사고, 불량, 클레임을 줄이는 기술

사고는 늘 우리를 위협한다

"기업은 이 정도면 성공했다고 생각하는 순간, 무너지기 시작한다."

회사가 정상적으로 운영된다고 여길 즈음, 어디에선가 불행이 싹튼다. 기업이란 모든 자원의 조합으로 성장이 이뤄진다. 각 자원을 꼼꼼히 점검하고 분석하지 않으면 사고는 언제든지 발생할 수 있다.

전체 조회를 통해서 자주 강조하는 내용이 있다.

"고속도로에서 100km로 달리는 운전자가 1~2초만 방심하면 사고가 발생하는 것처럼 생산현장에서 근무하는 직원들은 자기 공정에서 1~2초만 방심하면 문제가 터집니다.

기업은 달리는 전동차나 비행기와 같습니다. 비행기나 전동차에 종사하는 승무원들은 매순간 긴장의 끈을 놓지 않습니다. 늘 우리의 안전을 위협하는 것이 있음을 인식하고 항상 긴장해야 합니다.”

‘법인’은 법으로 만든 사람이라고 한다. 사람이 아프듯이 기업도 언제든지 병에 걸릴 수 있다. 자기 몸을 항상 건강하고 청결하게 관리하듯이 기업도 문제가 발생할 수 있다는 사실을 자각해야 한다.

기업은 안정성을 보장받기 위해 여러 시스템을 적용한다. 예를 들면 ISO9000이나, ISO14000, 각종 작업 지도서 또는 프로그램을 사용해 불량을 막는다. 하지만 한 명의 도둑을 열 명이 못 막듯, 불량이나 사고를 원천봉쇄할 수 있는 완벽한 방법은 없다. 그러므로 항상 긴장하고 경계해야 된다.

회사원들은 불량과 문제 속에서 생활하고 있다고 해도 과언이 아니다. 생활 곳곳에 숨어 있는 불량과 문제를 바로 잡아가면서 완성품을 만들어낸다. 그러므로 ‘주변에 항상 문제가 잠재되어 있다.’ ‘공정상에 문제점이 잠재하고 있다.’는 생각을 항시도 저버려서는 안 된다.

불량을 인정하는 문화를 만들자

거래선의 부도는 어느 날 갑자기 발생하지 않는다. 물품대금의 결제가 자주 지연된다든지, 퇴사자가 증가하거나 낯선 사람들이 회사를 들락날락한다든지 사전에 징후가 있기 마련이다.

마찬가지로 출시된 완제품의 리콜이 벌어지는 것도 마른하늘에 날 벼락처럼 예측 불가능한 상태에서 벌어지지 않는다. 생산 공정에서 반드시 크든 작든 징후가 나타나는데 공정상에 평소와 다른 일이 벌어지거나 외관이 이상하다거나 아니면 담당 근로자만이 느낄 수 있는 무언가 이상한 느낌이 있기 마련이다.

이런 징후는 대수롭지 않게 넘기기 쉽지만, 이를 잘 포착할 수만 있다면 막대한 피해를 사전에 막을 수 있다. 현장 근로자나 검사자는 즉시 관리자에게 보고해야 하며 보고를 받은 관리자는 철저하게 문제의 진상을 파악하도록 노력해야 한다. 만일 문제가 있다고 판단되면 직권에 의해 생산을 중단시키고 원인 파악에 나서야 한다.

이 단계를 소홀히 하면 회사에 큰 피해를 줄 수 있으니, 사전에 예시된 증상이 나타나면 즉시 절차에 따라서 조치를 취하도록 하자.

그런데 사실 문제는 다른 데 원인이 있을 수 있다. 문책이 두려워 쉬쉬 하며 감추는 경우가 있기 때문이다,

현장에서 일을 하다보면 불량은 불가피하다. 불량은 당연히 근절시켜야 하지만, 잘잘못을 가리는 데 급급하면 은연중에 불량을 은폐할 수 있고, 이렇게 감추다가 큰 사고로 이어진다.

불량이 나왔다는 것은 분명 누군가 잘못했다는 뜻이다. 그러나 잘잘못을 가리는 데 치중하지 말고 이 일을 재발 방지를 위한 기회로 삼고, 오히려 교육에 적극 나서야 한다. 현장의 모든 근로자가 불량을 없애겠다는 자발적이고 적극적인 생각을 갖도록 불량에 대처해야 한다.

다음에 소개하는 표를 참조하여, 각 회사에 맞게 활용하도록 한다.

∴ **공정 불량 보고서 사례**

공정 불량 보고서		작성	검토1	검토2	승인

제품명	A-1	품명	○○○	업체명	○○사
불량명	도색 이음매 불량	불량 LOT	○○-○○	LOT SIZE	○○ EA
작성일	20××-○월-○일	작성부서	○○팀 ○○과	작성자	연개소문

1. 불량내용

1-1) 도색시 제품 용접 후 이음매 제거 미실시
→ 설비 SHELL 이송 시 제품 걸림으로 인한 설비 부하 발생
→ 설비 고장 원인

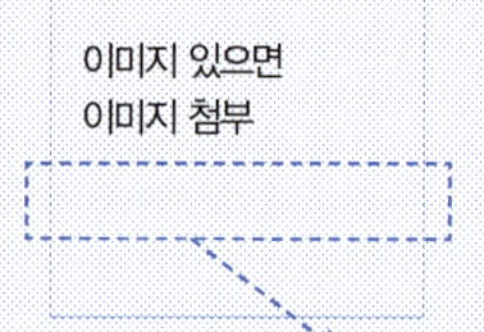

이상 부분 표시

2. 조치사항

2-1) 임시조치
– 불량 제거 실시 후 양산 재개
– 불량 제거 시 불량 발생 수량 : ○○EA

2-2) 근본조치
– 업체 근본 개선 대책서 요청
→ A사 도색 제품에서 상기 불량 빈번하게 발생되므로 근본적인 관리 PROCESS 수립 바랍니다.

3. 유실비용

불량으로 인해 생기는 비용을 계산해서 기록해야 경각심이 생긴다.

항목	세부항목	산출근거	금액	비고
불량 손실 비용	검사비용	인원×시간×임률	₩	–
	불량품 재작업 비용	인원×시간×임률	₩	–
	불량품 폐기 비용	수량×제조원가	₩	–
유실 비용	기계 공장 유실 비용	인원×시간×임률	₩	–
	자제 불량 유실 비용	인원×시간×임률	₩	–
합계			₩	–

조치결과(3일 이내 회신 必)			접수일	접수자	승인자
부서	조치내용		접수일	접수자	승인자
생산관리					
품질	협력사 F/B완료 – 원인 : 원자재 도색진행 시 이음매 연결구간 발생 시 중간연결부 미 Cutting에 따른 문제점 발생 – 대책 : 해당공정별 중간 연결 부위 육안검사 시행		○월 ○일	을지문덕	이성계

클레임 청구를 통해 불량에 대한 경각심을 심자

우리나라는 정이 많은 나라다. 납품업체에서 납품한 자재로 인해 불량이 발생되어도 손실 보상을 청구하지 않고 그냥 넘어가는 수가 많다.

다행히 이런 마음을 잘 받아들여서 같은 실수를 되풀이하지 않으면 상관이 없지만, 어디 배려하는 사람 마음처럼 세상이 그렇게 돌아가는가? 괜찮다고 여기며 무심히 넘어가는 그런 행동은 정작 납품업체를 도와주는 것이 아니라, 구렁텅이로 몰아넣는 결과를 가져올 수 있음을 상기해야 한다.

물론 재산상의 손실이 없음에도 불구하고 사사건건 손실 보상을 청구해 협력업체 간에 감정이 상하게 하자는 말은 결코 아니다. 납품업체에서 불량에 대한 경각심을 갖고 재발을 방지하도록 만들어야 한다는 뜻이다.

클레임 비용에는 단순 불량 자재비용만 청구하는 것이 아니라, 완제품 생산이 늦어져서 발생한 기회손실 비용과 간접 비용까지 합산하여 청구하는 것이 좋다. 불량으로 발생할 수 있는 문제를 확인시키는 것이 목적이므로 최종 비용 협의 시에는 상호 합리적인 선에서 결정하는 게 바람직하다.

클레임의 목적이 단순히 돈에 있는 것이 아님을 명확히 이해해야 한다. 경영자든 실무자든 불량에 대한 경각심과 품질을 높이겠다는 인식을 공유해야 불량이 없는 현장을 만들 수 있다.

고객 불만 사례

구분	작성	검토	승인
영업팀			
QA팀			

접수번호	○-○-○○		
작성자	장보고 (TEL : 010-○○○-○○○○)	작성일	2009년 12월 04일
고객명	A사	고객담당	세종대왕 사원 (TEL : ○○○-○○○○)
품명	ㄱ) 품목	불량수	○ 개 (불량 : %)
LOT NO		반품수	
납품일	○○년 ○월 ○일 / 발생일 ○○년 ○월 ○일 / 접수일 ○○년 ○월 ○일		

부적합 현상

1. ㄱ) 품목 → 최종 육안검사에서 이물 불량 O EA 발생

★발견처 : □ FIELD 사용, V 제조공정, □ 고객검사 (수입, 출하), □ 기타 (고객조립)

영업팀 의견

1. 조립과정 중 투입된 것으로 추정

고객 요구사항

이물질에 대한 도전성 여부 확인 요청
이물불량 방지 대책 수립 요청

■ 부적합품 교체 (□완료, □예정)

■ 품질개선 대책서 제출
    이물 성분 분석 검토서

□ 기타 (   )

시정조치 결과

○ 비전도성 이물질로 확인됨.
○ 대책으로 스키드매트 사용 이물 제거

■ 품질개선 대책 작성
■ 품질개선 대책 실시
□ 부적합품 교체

작성	강감찬
검토	을지문덕
승인	이성계

불량사례 모음집을 제작하라

문제 발생의 징후를 예시로 제시하더라도 정작 담당자가 설마 하고 넘어가는 경우가 있다. 사실 이러한 무사 안일주의가 가장 큰 문제이다.

불량제품이 고객의 손으로 넘어가면, 당장의 금전적 피해야 보상하면 그만이지만, 고객 사이에서 퍼지는 소문은 도저히 막을 길이 없다.

좋은 소문은 서서히 퍼지기 마련이지만, 나쁜 소문은 마치 겨울 산에 불이 붙듯 삽시간에 퍼져 잠재 고객들까지도 구매의사를 철회하게 된다.

불량은 결코 숨기고 넘어갈 개인 차원의 문제가 아니다. 이상 징후 발견과 동시에 관리자에게 알리고, 나아가 전사적으로 공지하여 재발을 막아야 한다.

불가피한 불량이 발생한 경우에는 이를 바로잡는 데 많은 시간과 인력과 경비를 들이기 마련인데 이를 처리한 과정을 기록물로 남겨서 불량이 되풀이되지 않도록 해야 한다.

사람이든 기계든 잘못이 없을 수는 없는 법이다. 그러나 가장 큰 잘못은 잘못인 줄 알면서도 고치지 않는 것이다. 불량도 재발 방지가 최선이다.

현장에서 일하는 근로자들은 해당 공정이나 업무를 수시로 바꾸어서 일을 하게 된다. 승진이나 동료 직원들의 이직으로 인해서 새로

운 업무를 맡는 경우가 적잖다. 이런 경우를 대비하여 불량사례집을
통해 과거에 발생했던 불량에 대해서 확인하고 업무에 들어간다면
회사의 손실을 최소화할 수 있다.

직원들을 범법자로 만들지 말라

전 직장에 다닐 때 상사로부터 들은 이야기이다.

"오디오 공장장을 하던 시절이었는데 초기에는 공장 외곽에 담이 없었지. 그 때는 오디오 완제품 재고숫자가 종종 어긋났었어. 그런데 담을 만들고 나니 까 재고숫자가 정확한 거야. 부하직원을 범법자로 만들지 않으려면 담을 높 이 쌓아야 해."

견물생심(見物生心)이라고 했다. 돈이 되었든, 제품이 되었든, 특혜가 되었든 간에 가까이서 접하다 보면 갖고 싶은 마음이 들기 마련이다.

사람의 마음은 본디 그렇다. 그러나 직원들이 손을 대게 하는 것은 분명 경 영진의 잘못이다. 물론 유혹을 참지 못한 직원에게 1차적인 책임이 있겠지 만, 충분히 담을 쌓지도 않은 채 무조건 직원에게 책임을 추궁하는 것은 잘 못이다.

나는 그동안 지인들의 기업에서 발생한 여러 사고를 접했다. 경리과의 거래 처 물품대금 횡령, 총무과의 급여조작 횡령, 영업팀의 거래처 입금 대금의 횡령 등 주로 돈과 관련된 직원이 저지른 일이었다.

특히 경리 사고는 의외로 빈번하다. 거래선의 물품대금 날짜를 교묘하게 바 꾸거나 지연시킨 뒤 대금을 빼가는 경리 직원도 있었다. 퇴사한 외국인 근로 자를 계속 근무한 것처럼 위장하여 3년간 1억여 원을 횡령한 경리 직원도 있었다. 물론 사장은 경리담담 직원을 가족처럼 대했다고 한다.

사고가 발생한 뒤에 사법처리 한다, 회사의 징계절차를 밟는다 하는 것은 소 잃고 외양간 고치는 격이다. 그런 일이 벌어지면 회사 분위기도 나빠지고, 상호 간에 불신감이 쌓이기도 한다. 조금 불편하고 힘이 들더라도 부하직원 을 범법자로 만들지 않으려면 담을 높이 쌓도록 하자.

4
이상과 현실은
다르다

기업가 정신과 현실 인식을 혼동해서는 안 된다

:

경영자는 항상 변화를 이끌기 위해 다양한 활동을 하기 마련이다. 컨설팅회사에 의뢰하여 기업의 미래를 준비하기도 하고, 직원 연수나 세미나를 열어서 건설적인 비판을 하도록 유도하기도 한다.

이런 시도 자체가 나쁜 것은 아니지만 종종 혁신에 집착한 나머지 기존 조직이나 업무스타일, 현장을 소홀히 하는 우를 범한다.

개선이나 혁신을 막자는 말이 아니다. 혁신을 하더라도 회사의 역량 안에서 이루어져야 한다는 뜻이다.

건물을 지을 때도 규모에 맞게 짓듯이, 회사 사정에 맞게 사옥을

지어야 하고, 매출 규모에 맞게 조직과 판매를 관리해야 한다. 그렇게 회사 경영에 무리가 가지 않는 범위 내에서 자금을 집행해야 한다.

그러나 현실을 망각한 채 책상에 앉아서 미래를 꿈꾸다 보면 종종 뱁새가 황새 따라가는 형국이 된다. 회사 형편은 모르고 근사해 보이는 방식을 무리하게 도입하다 보면 회사에는 공연한 거품이 끼게 되고, 끝내 파산에 이른다.

이는 직원들의 경우도 마찬가지이다. 사원, 대리, 과장 등 직급별로, 또는 팀별로 간담회를 하다보면 회사에 대해 무리한 요구를 하는 경우가 많다. 회사의 재정 규모나 능력과는 아랑곳없이 먼 이상을 꿈꾼다.

전산시스템을 최신형으로 바꾸자, 왜 우리 회사는 요즘 잘 나가는 첨단산업에 투자하지 않느냐, 본사를 서울로 이전해야 한다 등등. 내용도 의견도 천차만별이지만 공통적으로 현실성이 떨어지는 의견들이다.

물론 옥석은 가려야 하고, 직원과의 대화는 중요하므로 이런 대화 자체를 막아서는 안 된다. 그러나 현실에 어긋나는 이야기는 가능한 한 자제하도록 하고, 지금 처한 상황에서 할 수 있는 최선의 일이 무엇인지 탐색해야 한다.

이를 위해서는 경영자 자신이 회사의 입지와 현재 상황을 냉정하게 파악해야 하며 동시에 직원들에게 동종업체 시장 상황은 어떤지, 고객사의 사정은 어떤지, 우리 회사의 경영 상태는 어떤지 솔직하고 자세하게 설명하여 혹시라도 있을지 모르는 직원들의 오해와 불평을 사전에 막도록 한다. 아무리 기업은 모험을 통해 성장한다고 하지만 현실을 간과한 모험은 화를 자초할 수 있다.

무리한 투자는 화를 부른다

내가 아는 어느 중소기업 사장님은 신규 사옥으로 이사하기 위해 대출을 받았다. 그런데 부동산 가격이 급등하는 바람에 앉은 자리에서 수십억을 건졌다. 건물을 사들이는 재미에 맛들인 이 사장님은 다시 수십억 원의 대출을 받아 빌딩을 구입했다. 목적이 그러니 만큼 이번에는 건물의 용도도 결정하지 않았다. 동시에 신규 사업에도 투자를 했다. 일개 중소기업에서 순식간에 중견기업으로 발돋움한 것이다.

그러나 불과 1년도 채 지나지 않아서 파산위기를 맞았다. 2008년 하반기에 불어 닥친 글로벌 금융위기는 신규 사업을 포기하게 만들었고, 더불어 부동산 가격이 폭락하면서 사옥과 신규빌딩이 부채로 남게 되었다. 기존사업도 불황은 마찬가지여서 파산만 기다리고 있는 실정이다.

이런 예는 수두룩하다. 기존 사업이 튼실하지 않은 상태에서 무리하게 사업을 부풀리고, 나아가 전공 분야가 아닌 곳에 뛰어들어 본전도 못 건지는 사람들이 한둘이 아니다.

만일 우리가 옛 말씀에 조금만 귀를 기울였다면 이런 간단한 실수를 되풀이하지 않았을 터이다. '수주대토(守株待兎)'라는 고사성어가 있지 않은가?

어느 농부가 밭을 갈고 있었는데 난데없이 토끼 한 마리가 뛰쳐나와 그루터기에 머리를 부딪쳐 죽고 말았다. 농부가 사냥꾼도 아니고, 이런 횡재가 어디 있겠는가? 만일 이런 행운이 찾아왔음을 감사하며 다시 농사를 열심히 지었다면 두고두고 당시 일을 추억하며 즐거워했을 것이다. 그런데 이 농부의 행태가 어떠했는가? 농사는 뒷전이고, 그루터기만 지키고 서 있다. 어디 또 멍청한 토끼 한 마리가 그루터기에 부딪치지 않을까 숲 속만 들여다보고 있는 것이다. 그 사이 밭은 다 망가지고, 창고는 텅 비었으니 세상에 이런 멍청한 농부가 어디 있을 것인가.

돈벼락이 하늘에서 뚝 떨어졌을 때는 스스로를 경계해야 한다. 자신의 힘이나 노력으로 거둔 성과물이 아닌데도 난데없는 횡재를 경험하면, 경영진은 이제 일이 술술 풀리나 싶을 것이다. 더구나 매번 살림살이에 쪼들리다 보면 이렇게 주체하지 못하게 커지는 재산을 보고, 남에게 과시하고 싶은 유혹도 든다.

그러나 토끼들이 미친 것이 아니라면 이런 일은 되풀이되지 않는다는 사실쯤은 기억해야 한다. 내가 감당할 수 있는 능력 안에서 무리하지 않게 기업을 경영하자.

실력 없이 비전을 논하지 마라

매번 꼴찌를 도맡아 하던 학생이 다음 시험에서는 1등을 하겠다고 큰소리를 치면 십중팔구 코웃음을 산다. 기업 비전도 마찬가지이다.

경영자 입장에서는 남부럽잖게 기업을 일으키고 싶을 것이다. 그런데 코딱지만 한 회사도 10년, 20년 장기간 꾸려간다는 것이 생각처럼 쉬운 일이 아니다. 다행히 수차례의 고비를 넘기며 한 분야에서 건실하게 자리를 잡았다면 기업의 미래를 걱정하기 마련인데 대개 새로운 분야에 도전해 보자고 다짐한다.

이때가 회사로서는 큰 위기이다. 생판 모르는 분야로 진출하기 쉽기 때문이다.

잘 알고 있는 분야조차도 시장, 기술, 인력, 자금 등 세세한부분까지 돌다리도 두드리는 심정으로 신중히 건너야 성공하는 법인데 하물며 비전문 분야에서는 어떻겠는가.

답은 간단하다. 절대 모르는 분야로 뛰어들어서는 안 된다.

조금이라도 아는 분야가 아니고서는 절대 넘보아서는 안 된다. 최소한의 준비를 마친 뒤에나 어떻게 도전장을 내밀 수 있을까, 그게 아니라면 남의 떡이 아무리 커 보여도 덥석 신규 사업을 벌여서는 안 된다.

그동안 쌓아 왔던 실적이 회사의 미래를 결정하기 마련이다. 해왔던 일에 발판을 두고 더 높고, 더 넓은 영역으로 진출하는 것이 정석이다.

간혹 직원들이 이렇게 물을 때가 있다.

"우리 회사의 비전은 무엇입니까?"

묻는 의도를 알기에 나는 이렇게 답한다.

"회사의 비전에 너무 목숨을 걸어서는 안 된다."

직원 입장에서는 우리 회사의 비전을 보면서 이 회사라면 평생을 몸담고 일해도 좋다고 판단할 수 있다. 그러나 비전은 설령 경영자라고 하더라도 딱 부러지게 제시하기 어렵고, 그때그때 진행되는 상황에 따라 달라질 수밖에 없다. 기업이란 살아 있는 생명체여서 한두 사람의 구성원이 원하는 방향으로 나아가는 것이 아니라, 기업이 그동안 성장했던 방식에 토대를 두고 스스로 다음 진로를 결정한다는 말이다.

그러면 직원 입장에서는 어떻게 비전을 설정하고 노력하는 것이 올바른가?

비전은 변한다는 사실을 이해해야 한다. 비전이 없어서는 안 되지만, 비전에 집착하지 말아야 한다. 마치 어린 시절 꿈이 성장하면서 달라지듯이, 비전 역시 회사와 시장 상황에 따라 바뀐다. 오직 우리가 할 수 있는 일은 그 비전을 달성하기 위해 평소 실력을 쌓는 일뿐이다. 달리 말하면 비전이란 처음의 뜻 그대로 간직하는 것이 아니라 성장하면서 동시에 만들어진다고 보아야 옳다.

한때 잘 나가던 사업부가 갑자기 정리되면서 해당 부서 직원들이 명예퇴직하는 경우가 비일비재하다. 비전의 날개가 꺾였을 때 그대로 주저앉고 말 것인가. 이런 일을 예방하기 위해서도 직원 입장에서는 회사의 비전보다는 개개인의 실력 향상에 중점을 두어야 한다. 실력이 쌓이면 자연스레 개인의 비전이 커질 것이고, 이렇게 개인의 비전이 커져야 회사의 비전도 함께 커나간다.

소통하는 기술

전 직장에 있을 때이다. 다른 사업부에서 노조 파업이 장기간 지속되자 파업을 중단시키고, 공장을 가동시키기 위해 전국에 산재해 있는 각 공장에서 직원을 뽑아 파업이 벌어진 현장으로 보냈다. 마침 나는 제일 앞에 섰는데 시위 세력의 저항이 거셌다. 파업 노조원들은 집기든 뭐든 가리지 않고 손에 잡히는 대로 집어던졌고, 나는 미처 피할 겨를도 없이 상처를 입고 말았다. 앰뷸런스를 타고 병원으로 후송되었는데 엑스레이를 찍어보니 갈비뼈에 금이 가 있었다.

파업은 왜 벌어지는가?

경영진과 직원 사이에 소통이 막혔기 때문이다. 더 이상 대화가 불가능하다고 판단했을 때 직원들은 자기 한 몸을 불사르며 경영진에 저항한다.

1

사람에 가치를 두어라

언제 해고당할지 모르는 회사는 안 된다

옛날 직장에서 근무할 때 일이다. A/S기사로 근무하는 한 직원이 있었다. 그는 어려서 소아마비를 앓아 불편한 다리를 이끌고 출근을 했다. 그러던 어느 날 몸이 너무 아파 병원에 갔더니 한 달 정도 입원하면서 수술을 받으라는 진단을 받았다. 이 직원은 혼자 끙끙 앓다가 나를 찾아왔다.

"입원을 해야 하는데 회사 사정이 괜찮을까요?"

나는 두말할 것 없이 수술을 받으라고 권했다. 그런데 실제 치료 기간이 두 달 정도 이어지다 보니 총무부서에서 퇴직을 종용했다.

다른 곳에 취업하기도 쉽지 않은 그 직원을 자르면 그의 가정은 무엇을 먹고 살 것인가?

딱한 사정을 전해들은 나는 곧 총무부서 책임자를 설득하여 치료를 받은 뒤에 다시 회사에 근무할 수 있도록 조치를 취했다. 이 일이 알려지자 건강 때문에 회사를 그만두는 일은 없을 거라며 다들 안도하는 표정이었다.

가끔 사원들을 면담하다 보면 사정이 어려운 직원이 종종 있다. 이들에게 따뜻한 손길이 필요하다. 나 몰라라 고개를 돌려서는 안 된다. 나에게도 언제 시련이 닥칠지 모를 일이다. 자신이 어려울 때 회사가 도움을 베풀면, 그 직원은 감사하는 마음으로 직장에 정성을 다한다. 기업은 사람에 투자해야 한다. 이런 사소한 배려 역시 장기적인 안목에서 사람을 중시하고, 사람에 투자하는 경영철학이 반영된 것이다.

직원을 잘 알고 이해하자

'직원을 가족같이.' 그런데 경영진은 직원 개개인에 대해서 정말 가족처럼 자세히 알고 있는가? 직원들을 자신의 손금 들여다보듯이 자세히 알아야 적재적소에 배치할 수 있고, 그럴 때 업무효율도 높일 수 있다.

핑계 없는 무덤은 없다고 했다. 사정이 없는 사람은 단 한 사람도 없다. 직원들의 개인 사정을 경영진에서 알고 관심을 가져주고 격려한다면 얼마나 고맙겠는가.

한번은 주부사원이 퇴직인사를 하겠다며 찾아왔다. 그동안 검사 실적이 다른 사원에 뒤쳐져 1시간씩 먼저 출근하여 보충하려고 했지만 여전히 실적을 따라갈 수 없으니 퇴사하는 것이 도리인 것 같다고 했다.

능력 있는 사람만 일할 수 있는 회사가 좋은 회사일까? 사람마다 조금씩 결함이 있기 마련이고, 성적도 천차만별이다. 그 길로 곧장 생산부장을 호출하여 다른 공정에 배치하도록 조치했다. 다행히 새로 배치된 곳에서는 전보다 생산성이 높아져 그 주부사원은 요즘도 밝은 얼굴로 근무하고 있다.

신바람 나는 직장을 만들라

리더가 부하직원을 존중하면 직원들도 리더에 대해서 감사하고 사랑하는 느낌을 갖게 된다. 경영진은 직원들의 인격을 존중해야 한다. 경영진이 직원을 하나의 도구로 생각한다면 애사심과 열정을 기대할 수 없다.

경영진은 업무상 책임을 묻거나 실적을 독려할 수밖에 없다. 그러나 밑바탕에는 직원들에 대한 애정을 깔고 있어야 한다. 핏줄 하나 섞이지 않은 사람들이 하루 종일 얼굴을 마주하며 지낸다는 것은 참으로 소중한 인연이 아닐 수 없다.

간혹 야근을 하던 직원이 퇴근하면서 '집에 다녀올게.' 하고 농담을 할 만큼 한국의 근무시간은 매우 길다. 그런 만큼 직장 분위기는 절대적으로 편해야 한다. 직장인 스스로가 서로를 격려하고 상부상조해야 하며, 절대로 상대방에게 마음의 상처를 주지 않도록 사내 문화를 개선해야 한다.

나 혼자만 행복하다고 끝이 아니다. 때로는 누군가가 솔선수범해서 청소도 하고, 책상 정리정돈도 해주며, 회사의 분위기를 가정처럼 만들도록 각자가 노력해야 한다.

회사가 가정처럼 편안해질 때 출근하고 싶은 마음이 우러나온다. 회사에 애착이 가고 회사에 머무는 시간이 행복하다면 당연히 회사의 경쟁력도 높아진다.

아침에 눈을 뜨면 누구라도 쉬고 싶은 마음이 먼저 든다. 만일 전 직원이 아침마다 출근하고 싶은 마음을 가질 수만 있다면 그 얼마나 좋겠는가. 구성원 모두가 양보와 희생을 생활화하면서 행복의 문화를 만들어가야 한다. 진실로 출근하고 싶은 회사가 되어야 한다.

인생을 살아가는 데 있어서 직장만큼 중요한 곳도 드물다. 개인 사업을 하든지 공무원 생활을 하든지 회사에 출근하든지 직장을 통해서 삶을 영위하는 만큼 직장의 중요성에 대해서는 새삼 언급할 필요조차 없다.

그러한 직장이 불편하고, 짜증나고, 스트레스를 많이 받는 곳이라면, 얼마나 힘들고 불행한 일이겠는가? 직장에서의 스트레스는 가정에까지 영향을 미친다고 한다. 한마디로 직장생활이 행복해야 가정도 행복하다.

따라서 회사에서는 사장에서부터 갓 입사한 신입사원에 이르기까지 모든 직원이 행복한 직장 만들기에 동참해야 한다. 몇몇 직원들만 노력한다고 될 일은 아니다. 서로가 양보하고 이해하고 협력해야만 행복한 직장의 분위기를 조성할 수 있고 회사의 발전과 경쟁력도 생긴다. 모두가 행복한 직장생활을 통해 개인과 조직의 발전을 함께 이루자.

직원에게 정성을 다하고 있는가

형식이 내용을 지배한다

오래 전 이야기다. 어머님께 '용돈이 필요하시면 언제든지 말씀하시라.'고 했다. 그런데 어머니는 한 번도 용돈이 필요하다고 말씀하신 적이 없다.

그러나 돈이 필요 없는 사람이 어디 있겠는가? 불효한 나는 뒤늦게 그런 사실을 깨달았고, 그때부터 매월 어머니께 용돈을 송금해드리고 있다. 부모와 자식 간에도 형식이 필요함을 뒤늦게야 깨달은 것이다. 아무리 마음속으로 간절히 부모를 그리워한들 한 번 찾아뵙고 인사드리는 것만 못하다.

부자지간에도 그러한데 하물며 직원과의 관계는 말해서 무엇 한가. 마음으로 직원을 아무리 사랑하더라도 말로 표현하지 않으면 그 마음은 절대 전달되지 않는다.

마음은 감추어 두지 말고 겉으로 표현해야 비로소 진심이 전해지는 법이다. 바로 옆에 있는 직원이나 멀리 계신 분이나 우리가 인연을 맺고 살아가야 한다면 그 관계의 소중함을 늘 표현하도록 하자. 정은 나눌수록 깊어지는 법이다.

몸에 따라 마음 상태가 변하고, 형식은 내용을 지배한다.

정장을 입었을 때와 청바지를 입었을 때의 마음자세가 다르다. 모든 일에 준비된 사람은 단정함으로 무장되어 있다. 인간관계에 있어서 형식이란 단순히 복장과 모습에만 국한된 것이 아니다. 일에 임하는 자세나 태도 역시 형식에 구애를 받는다. 깔끔한 용모와 단정한 복장은 기본이고, 일의 목적을 달성할 수 있는 완벽한 태세를 갖추어야 한다. 물론 거기에는 진실하고 성실한 마음이 담겨 있어야 한다.

직원의 애로사항에 귀를 기울여라

나는 생일을 맞은 직원이 있으면 일대일 면담을 실시한다. 커피 한 잔 같이 하면서 직원이 어느 부서, 어느 공정에서 일을 하고 있는지, 일하는 데 힘든 점은 없는지, 상사나 동료 직원 간에 갈등은 없는지를 꼼꼼히 확인한다.

가족 구성원에 대해서도 질문을 한다. 부모님께서는 무슨 일을 하시는지, 건강은 어떠신지, 형제는 몇 명이나 되고 지금 각자 무엇을 하고 계시는지 자세히 묻는다.

상담을 해보면 의외로 힘들게 지내는 직원들이 많음을 알 수 있다. 부모님이 이혼을 한 직원, 몸이 아픈 직원, 자녀로 걱정하는 직원 등등 사연도 제각각이다. 면담을 통해 알게 된 내용은 면담 일지에 기록으로 남겨두었다가 가끔 시간이 날 때면 근황을 묻곤 한다.

직원 면담을 갖는 이유는, 가족과 같은 분위기에서 일하도록 만들기 위해서이다.

아침에 눈을 뜨면 출근하고 싶은 회사, 평생을 함께 일하고 싶은 행복한 회사를 만들어야 한다. 그러기 위해서는 직원 개개인이 서로에게 상처를 주지 않도록 노력해야 한다. 이런 내용도 조회나 팀장교육을 통해 지속적으로 전달한다.

또한 흥청망청 술을 마시거나 도박을 하는 직원이 있다거나 상사나 동료직원에 대해서 험담이나 불평을 늘어놓는 직원 때문에 위화감이나 불신감이 퍼지는 것을 막아야 한다. 이는 회사에 마이너스가 되는 나쁜 문화이다. 경영진과 전 직원은 불건전한 문화가 뿌리를 내리지 않도록 평소에 노력해야 된다.

팀장은 집안의 가장이다

가장의 역할은 아무리 강조해도 지나치지 않다. 경제적 책임도 져야 하고, 가풍을 지켜나갈 수 있도록 위엄도 갖추어야 한다. 가장은 자기 일에서 보람을 느끼는 사람이라기보다는 평생 큰 짐을 짊어진 사람이다.

회사에는 사장이 있다. 그런데 회사는 조직도 크고 직원 수도 많기 때문에 사장 혼자서 모든 것을 책임지고 이끌기에는 벅차다. 따라서 팀장급까지는 가장이라고 스스로 인식하고 가장노릇에 충실해야 한다.

팀원들의 가정에는 문제가 없는지, 업무를 처리하는 데 어려움은 없는지, 동료 간에 마찰은 없는지 꼼꼼하게 살피고 격려해야 한다.

그럴 때 팀원들도 팀장을 가장으로 믿고 의지한다.

팀장이 요령이나 피우고 나태하게 행동한다면 그 팀의 경쟁력은 떨어지고, 회사로서도 큰 타격을 입을 수밖에 없다.

팀장을 뽑아놓기만 하고 지속적으로 관리하지 않으면 알게 모르게 회사가 피해를 입는다는 사실을 기억하자.

3

직원을 존중할 때 직원도 회사에 애정을 갖는다

내 주장이 틀릴 수 있다

한번은 시골에 갔다가 배구경기를 하게 되었다. 그런데 경기 운영 방식에서 잡음이 생겼다. 배구에 적용되는 방식은 두 가지. 하나는 국제식 경기방식으로, 상대방이 서브권을 가지고 있는 상태에서 우리 편이 공격을 성공하면 서브권을 찾아오고, 연이어 공격을 성공해야 점수가 올라가는 방식이다. 반면 극동식은 서브권을 누가 쥐었든 공격을 성공하면 바로 점수가 오른다. 당시 우리는 국제식 경기방식을 따랐다.

그런데 누군가 국제식 경기방식임을 몰랐는지, 왜 우리 공격이 성공했는데 점수를 올리지 않느냐고 고래고래 소리쳤다. 다들 어이없다는 표정으로 그 사람을 쳐다봤다.

직장생활에서도 이와 같은 일이 자주 벌어진다. 상사는 우기고, 직원들은 '그게 아닌데' 하고 고개를 푹 숙이는 경우가 그렇지 않은가? 동료 사이에서나 부서 간에도 우기는 경우가 종종 있다. 자기주장에서 한 걸음도 물러서지 않으면 과연 직장생활이 원만하겠는가. 자신의 발언에 대해 상대가 고개를 가로저으면 일단 무엇이 문제인지 스스로 돌이켜 보는 습관을 가져보자.

무식하면 용감하다는 말이 있다. 사실을 확인하지 않고 주장만 앞세울 때 벌어지는 일이다. 모르는 것이 있으면 알려고 노력하는 자세가 필요하다. 아는 것을 안다고 하고, 모르는 것을 모른다고 말하는 것, 그것이 바로 참된 앎이다.

리더는 항시 자신이 틀릴 수 있다는 사실을 염두에 두고 상대의 지적을 겸허히 수용할 수 있어야 한다.

편애하지 말아라

면접을 보다 보면 예전 직장에서는 상사가 유달리 편애하는 직원이 있어서 참 보기 싫었다는 얘기를 종종 듣게 된다.

직장 상사도 사람인 이상 마음에 드는 직원이 있고, 쳐다보기 싫은 직원도 있음직하다. 또 업무상 밀접한 관계가 있거나 자리 배치가 가까운 직원에게만 관심을 기울이고, 정작 힘든 곳에서 묵묵히 일하는 직원에게는 눈길 한 번 주지 않고 있다가 혹시라도 실수를 저지르면 인정사정없이 질책을 하는 상사도 있다. 누가 이런 분위기에서 일할 마음이 일겠는가.

당신이 리더로서 존경받기를 원한다면 공과 사를 엄격히 구분해야 한다. 일 외에는 사사로이 감정을 드러내서는 안 된다. 행여나 자신도 모르는 사이 사적인 감정으로 직원을 대한 적은 없는지 돌이켜보고 직원들을 공평하게 대하도록 노력하자.

상대방을 인정해야 한다

어느 건설 현장에나 십장이 있기 마련. 우리 눈에는 하찮은 위치로 보일지 몰라도 십장 역시 아무나 할 수 있는 일이 아니다. 장기간에 걸쳐 현장 이력을 쌓아 베테랑이 되어야 하며 동시에 리더십도 갖추어야 한다. 결코 하대해서는 안 되는 중요한 분들이다.

우리는 가끔 자기보다 직급이 낮거나 하청업체에 근무하는 사람들을 함부로 대하는 사람들을 본다. 그러나 누구든 자기 위치에서 직무에 충실한 사람은 인정받고 우대받는 사회가 되어야 한다.

머리를 쓰는 직업이 있으면 몸을 쓰는 직업도 있기 마련이다. 필요한 부분에 필요한 사람이 없으면 이 사회는 돌아가지 않는다. 토목건설 현장이나 빌딩을 짓는 데 십장이 없으면 하다못해 벽돌 하나 올릴 수가 없다. 직장에서도 마찬가지다. 작업장 구석구석에는 눈에 안 띄지만 묵묵히 자기 몫을 다하는 직원들이 있기에 기업이 굴러간다.

간부는 간부대로, 직원은 직원대로 상대방을 인정해주고 존중해 주는 기업풍토를 만드는 것이 필요하다. 경험과 기술을 존중해주는 사내 분위기가 형성될 때 회사의 경험과 기술도 축적되고 생산성도 높아짐을 잊어서는 안 된다.

예의를 지켜야 한다

경영자가 꿈꾸는 회사는, 자발적으로 일하는 회사이다.

그런데 '자발적으로 일하라!'고 지시하면 과연 자발적인 직원이 될까? 이것은 지시이지, 자발이 아니다. 스스로 알아서 일하는 문화를 만들기 위해서는 서로가 배려하고 관심을 베풀어야 한다.

리더가 부하직원 한 사람, 한 사람을 마음에서 우러나오는 따뜻한 인간미로 대할 때 직원들은 진정으로 마음에서 우러나오는 행동으로 회사에 보답한다.

마음에서 우러나오는 따뜻한 행동이 예의의 기본이다.

그런데 직급으로 나누어진 조직사회에서는 예의가 종종 무시되곤 한다. 윗사람이 인사권이나 근무 평가권을 무기로 삼아 아랫사람을 함부로 대하는 일이 있다. 능력의 평가는 사람의 평가와 별개이다. 1등에게만 밥을 먹을 권리가 있는가? 1등만 행복하라는 법이 있는가? 업무 평가는 당연히 객관적으로 이루어져야 하지만, 이것이 그 사람의 전부라고 여겨서는 안 된다. 사람은 아무리 무능력해도 인격체로 대우받을 권리가 있다.

상사가 존경을 받으려면 먼저 부하직원을 존중해야 한다. 그럴 때 비로소 부하직원들도 상사의 직장생활을 본받는다. 옛말에 윗물이 맑아야 아랫물이 맑다고 하지 않았던가.

언행 못지않게 몸단장에도 신경을 써야 한다. 옷을 단정히 입고, 머리도 깔끔하게 손질하고, 신발도 청결하게 신는 것이 좋다. 사무실, 책상 정리정돈도 하나의 예절이라고 볼 수 있다.

직장상사가 이와 같이 말이나 행동, 옷차림에서부터 예의를 지키면 부하 직원들도 자연스럽게 따라할 것이다. 그럴 때 외부에서도 우리 회사를 인정한다.

먼저 보는 사람이 인사하자

모든 만남은 인사로 시작해서 인사로 끝난다. 가정이든 동네든 인사 잘 해서 욕먹는 경우는 없다. 반대로 인사를 소홀히 하면 못 배운 사람이라거나 됨됨이가 부족한 사람으로 낙인찍히게 된다. 우리가 가장 오래 생활하는 직장에서의 인사는 그래서 중요하다.

그러면 인사는 누가 먼저 해야 하는가? 간단하다. 먼저 보는 사람이 먼저 한다.

인사는 직급이나 나이와 상관이 없다. 먼저 본 사람이 인사하는 것이 자연스럽지 않겠는가. 못 본 척 지나치는 것은 큰 잘못이 아닐 수 없다. 누구든 마주치면 반드시 인사를 한다.

인사는 하는 사람도, 받는 사람도 모두 정성을 담아야 한다. 지난 25년간의 직장생활을 돌이켜 보면 인사를 대충 받고 지나가는 상사에 대해 부하직원들의 불만이 많았던 것으로 기억한다. 인사를 제대로 안 받는 상사에게는 굳이 인사할 필요가 없다며 불만을 토로하는 직원도 있었다. 인사는 절대 어려운 것이 아니다. 상대가 예를 갖춰 인사를 해오면 당신도 예를 갖춰 화답해야 한다.

4

직원과
대화할 때는
메모장을 꺼내라

직원은, 자기 말을 메모하는 상사에게 신뢰감을 느낀다

이 세상에 배울 점이 없는 사람은 한사람도 없다. 공자는 "삼인행(三人行)이면 필유아사(必有我師)"라고 했다. 세 사람이 길을 가면 그중에 반드시 나의 스승 될 만한 이가 있다는 뜻이다. 좋은 사람은 좋은 대로 본받을 점이 있고 그렇지 않은 사람은 또 그렇지 않은 대로 반면교사로 삼을 수 있지 않겠는가.

우리는 언제 어디서든 좋은 사람을 만나서 가르침을 받을 수 있다. 그러므로 늘 메모하는 습관을 갖는 것이 좋다.

국내 대기업 어느 사장님은 가까운 지인과 대화할 때조차 수첩을 꺼내놓고 메모를 한다. 그분의 생활습관이나 업무 스타일을 엿볼 수 있는 대목이다.

상대방의 이야기를 메모하는 행동은 상대에게 신뢰를 심어준다. 메모란 일종의 약속으로, 상대방의 말을 잊지 않고 지키겠다는 뜻이기 때문이다. 사람과의 관계에서 중요한 것은 약속을 지키는 일이다. 메모는 깜빡 잊을지 모르는 우리의 부족한 기억력을 보충하는 장치이다. 메모를 통해 기록을 남겨 놓지 않으면 기억은 왜곡되거나 사라진다.

메모를 하게 되면 설령 가볍게 지나가는 약속이라도 지킬 수 있는 장점이 있다. 약속은 경중이 중요한 것이 아니라, 지켜질 때 의미가 생기는 법이다. 그래야 말 한마디라도 신중하게 고르게 되고, 그런 가운데 신뢰가 형성된다.

한편 약속을 잡을 때뿐이 아니라 업무처리를 할 때도 메모가 필요하다. 산더미처럼 밀려드는 하루하루의 업무를 메모해서 그때그때 처리하지 않으면 업무는 금세 뒤죽박죽이 되고 만다. 그래서 갈피를 잡지 못하고 허둥거리다 보면 무능한 리더로 낙인찍히기 십상이다.

- 직원과 대화를 나눌 때는 메모 수첩과 볼펜부터 꺼내놓는다.
- 대화가 끝난 후에는 수시로 수첩을 들여다보면서 완결이 되었는지 확인한다.
- 완결된 내용은 상단에 사인을 한다.
- 사인이 없는 내용은 조속히 마무리 짓도록 한다.

부하직원은 메모하는 상사에게 신뢰감을 주기 위해 애를 쓴다

우리나라 국가대표 축구팀 감독을 역임한 아드보카트 감독은, 네덜란드 대표팀, 스코틀랜드 대표팀, 독일 프로팀 감독을 맡으면서 화려한 경력을 쌓았는데 그는 항시 메모 습관에 바탕을 둔 네덜란드식 리더십으로 조직을 이끌었다.

많은 선수 가운데 옥석을 가리기 위해, 그리고 최선의 선발진을 뽑기 위해 그는 항상 수첩을 갖고 다니며 실전 경기나 연습게임, 선수들의 훈련 상황, 나아가 선수들의 대화까지 꾸준히 메모를 했다. 나아가 미디어 분석으로 꼼꼼히 정보를 수집하고, 상대방의 말을 열린 마음으로 듣고, 선수들에 대한 선입견이 없는 공정한 관리로 세계적인 명장의 반열에 오른 것이다.

선수들은 자신의 일거수일투족을 메모지에 기록하고 있는 감독을 보면서 평소 행동에서부터 조심하게 된다. 행동이 위축된다는 뜻이 아니라 감독에게 신뢰감을 주기 위해 노력하게 된다는 말이다. 이는 메모를 통해 부가적으로 얻을 수 있는 효과이다.

마찬가지로 직원의 행동을 변화시키는 데도 메모는 중요한 역할을 한다. 메모를 하는 행위 하나만으로 직원은 자신의 말과 행동을 스스로 살피게 되고, 더욱 신중하게 된다.

이렇게 서로 신뢰가 쌓인 가운데 효과적인 커뮤니케이션이 가능해진다.

메모는 절대 서랍에 넣어두지 말자

활용할 수 없는 메모는 아무런 소용이 없다. 정기적으로 정리하고, 때에 맞게 활용할 때 메모는 살아 숨 쉬는 정보가 된다. 지속적으로 데이터를 확인하고 활용해야 메모의 가치가 커진다.

한편 메모는 꼭 수첩에만 할 필요는 없다. 중요한 사항이 있으면 명함이든 책이든 기록해 두면 훗날 도움을 받을 수 있다. 예를 들어 처음 보는 고객의 명함을 받았을 때는 인상착의나 고객의 관심분야 등 특징적인 사항, 자신이 관찰한 정보를 함께 기록하는 것도 좋은 습관이다. 명함을 받고서도 메모하지 않으면 나중에 '누구였더라?' 하며 가물거리는 기억을 더듬기 마련이다.

5

말하기 전
한 번 더
생각하라

한번 내뱉은 말은 주워 담을 수 없다

기업 활동은 하루하루가 전쟁이다. 1일 생산목표에서부터, 품질 불량, 개발 스케줄, 구매단가, 자재확보, 판매실적, 동종업체의 동향 파악 등 모든 부분에서 광범위한 전쟁을 치르기 마련. 그러다 보니 경영진은 늘 신경이 곤두서 있다. 그래서 작은 실수도 용납하지 못하고 고함을 치거나 화를 내기 쉽다.

그런데 1년 내내 전쟁이라고 해서 1년 내내 고함만 치고 살 것인가?

화를 내는 것이 문제를 해결하는 데 도움이 되지 않는다는 사실을 깨닫는다면 한 발 뒤로 물러서서 차분히 대처하는 요령을 익히기를 권한다.

화를 내는 것이 능사는 아니다. 도리어 경영진의 이러한 모습이 직원의 사기를 떨어뜨려 업무 효율을 저해하기도 한다. 이런 분위기가 싫어서 떠나는 직원도 적지 않다.

말은 화살과 같아서 입 밖으로 나가면 돌이킬 수 없다. 비즈니스의 경우도 1~2년 힘들게 공을 들였는데, 한마디 말실수로 수포로 돌아가는 경우도 있다.

불가피하게 화를 낼 때도 지금 화를 내는 것이 상대에게 효과적일지 먼저 생각하자. 뭘 잘못했는지도 모른 채 혼나는 아이의 표정을 떠올려 보라. 혼을 낼 때는 아이를 납득시켜야 한다.

마찬가지로 사내 분위기가 화를 내도 괜찮은 상황인지 먼저 생각해 보자. 아닌 밤중에 홍두깨처럼 갑작스레 화를 내면 분위기만 착 가라앉을 뿐, 아무도 무엇이 문제인지 알아차리지 못한다.

전 직장에 근무했을 때다. 마침 서울 광화문에 회사사옥으로 지상 24층, 지하 7층 빌딩을 건설 중이었는데 회사 소유주가 이런 얘기를 했던 적이 있다.

"시설부장은 실력도 있고, 굉장히 성실한데 나는 개인적으로 그 사람이 마음에 들지는 않는다. 그 사람의 능력을 의심하는 것은 아니다. 하지만 그 사람이 내 눈에 띄지 않도록 했으면 좋겠다. 자칫 사소한 잘못을 빌미 삼아 화를 내다가 그만두라고 할 것 같아서 그런다."

이 분은 자신의 말 한마디가 얼마나 절대적인지 잘 알고 있을 뿐 아니라, 자신도 감정을 가진 사람임을 더더욱 잘 알고 있다. 개인적인 감정을 조절하는 것이 근본적인 해결책이지만 만일 그게 불가능하면 이렇게 미봉책이라도 찾아서 대처하는 것이 현명한 처세이다.

말을 하기 전에 한 번 더 생각하지 않으면 잘못된 지시를 내릴 수 있다. 사전 준비 없이 지시한 말로 인해서 회사가 피해를 입어서야 되겠는가. 반대로 직원 입장에서도 마찬가지다. 친구에게 하듯 아무렇지도 않게 툭툭 내뱉는 말 한마디 때문에 직장생활 내내 불이익을 받을 수도 있다.

보고를 경청하라

화술에서 중요한 법칙 가운데 하나는, 상대가 말을 많이 하도록 이끄는 것이다. 남이 내 말에 귀 기울여주기를 바라듯이 남도 역시 내가 귀 기울여주기를 바란다. 상대로 하여금 말을 하게 하면 나는 그 사람의 마음을 얻을 수 있다.

부하직원이 경영진에 업무보고를 할 때 습관처럼 말을 자르는 간부들이 있다. 보고 내용이 잘못되었을 경우도 있고, 긴요치 않은 사항이어서 그랬는지도 모른다.

그간 쌓아온 경험과 노하우에 비춰보면 부하직원의 보고 내용이나 조언이 못마땅해 보이는 것이다. 그래서 부하직원이 말을 마치기도 전에 끼어들어 자기가 설명하고 자기가 마무리한다.

이런 일이 벌어지는 가장 큰 요인은 경영인이 결코 한가한 사람이 아니기 때문이다. 사내 업무뿐 아니라 사외 업무도 상상을 초월할 만큼 많다. 차분하게 이야기를 듣고 있을 시간이 절대적으로 부족하다.

"그래서 결국 이렇다는 것 아니야?"

"뻔한 얘기를 가지고 그렇게 길게 설명할 필요는 없잖아."

그런데 정말 들으나 마나 한 이야기일까?

보고하는 내용 자체는 평범한 경우가 많다. 그러나 보고 속에 아이디어가 숨어 있는 경우가 있다. 말을 가로막은 결과, 보고 속에 숨어있는 창의적인 내용마저 차단시키게 된다. 아이디어나 개선 사항은 꼭 정해진 제도 안에서만 드러나는 것이 아니다. 스쳐가듯 가볍게 오고가는 대화 속에서도 얼마든지 나타날 수 있다.

개개인의 능력으로 따지면 경영진이 부하직원들에 비해서 경험이나 노하우가 많은 것은 당연하다. 그러나 경영진이 지금껏 경험하지 못한 내용이나 전문분야도 있다. 사람은 경험이 쌓일수록 새로운 지식을 받아들이기 힘들어진다. 자칫 신선한 발상마저 가로막을 수 있다는 점을 간과해서는 안 된다.

보고를 경청하지 않을 때 벌어지는 최악의 상황은 부하가 보고를 꺼리게 된다는 점이다. 매번 같은 일이 되풀이되다 보면 반드시 보고가 필요한 일에서도 질책이 두려워 보고를 생략할지도 모른다.

준비한 보고를 마치지도 않았는데 경영진에 의해 할 말을 잃게 된 부하직원은 주눅이 들기 마련이다. 보고해봐야 끝까지 들어주지도 않고 자기 말에 귀 기울여 주지도 않는데 고생해서 보고서를 작성할 필요가 있겠는가. 보고하는 사람으로서는 매우 섭섭한 일이다. 회사업무로 보고를 하다가 감정이 쌓이면 팀워크를 살리는 데도 도움이 안 된다. 젊은 직원들의 사기를 생각해서라도 말머리를 함부로 자르지 말자.

부하직원의 말을 진지하게 듣는 것만으로도 부하직원의 스트레스를 감소시킬 수 있다. 자연스럽게 의욕이 살아나서 적극적으로 일에 매진하게 만들 수 있다. 직원과 대화를 나눌 때는 가급적 말을 아끼고 직원들의 말에 쫑긋 귀를 세우자.

직원이 하는 일을 지켜보라

전 직장에 있을 때의 일이다. 어렵게 스카우트한 젊은 중간관리자가 회사를 그만두겠다며 찾아왔다. 이유를 물어보니, 개발이사가 자꾸만 자기 업무 처리 방식에 트집을 잡더라는 것이다. 내용인즉 '왜 너는 그렇게 하느냐, 내가 하는 방법이 옳다.'며 사사건건 간섭한다는 얘기였다.

물론 오랜 경험과 노하우를 쌓은 이사로서는 부하직원이 업무를 처리하는 모습이 불안해 보일 수도 있고, 걱정될 수도 있다.

그런데 새롭고 창의적인 아이디어는 옛 것을 답습하는 데서는 찾을 수 없다. 설사 보는 마음은 좌불안석이더라도 젊은 도전자가 자기 페이스를 지키며 일할 수 있도록 지켜보아야 한다.

다소 시간이 걸리더라도, 경비가 추가되더라도 기다려주는 아량이 있어야만 부하직원들이 소신을 가지고 일을 추진할 수가 있다.

부하직원에게 상처를 주지 말자

경영진과 직원은 본디 대화하기 어려운 사이이다. 각자 맡은 업무도 다르고, 지시와 수행이라는 수직 관계에 있기 때문에 상대 입장에서 생각하기도 쉽지 않다.

그러다 보니 경영진의 사소한 말 한마디 때문에 부하직원은 자포자기의 심정이 되는 경우도 있다. 정작 경영자는 자신이 한 말도 기억하지 못한다. 별 생각 없이 즉흥적으로 질책을 했기 때문이다. 평소 자신의 언행에 주의를 기울여 무의식중에라도 부하직원에게 상처를 입혀서는 안 된다.

직원들은 사내에서 사회적 약자의 위치에 있다. 장애인이 있을 수도 있고, 업무 실적이 저조한 사람, 개인적인 핸디캡이 있는 사람도 있다. 남의 약점을 들추는 것만큼 굉장히 치사한 일도 없다. 약점을 건드리면 감정의 골이 깊어진다.

일을 하다 보면 답답할 때도 많겠지만 부하직원에게 상처를 주지 않도록 노력해야 조직력이 더욱 탄탄해지고 회사의 경쟁력도 높아진다.

따뜻한 말 한마디의 위력

말단 직원부터 경영자에 이르기까지 누구나 고객사 직원에 대해서는 깍듯이 예우를 갖추고 친절하게 대한다. 누가 시키지 않아도 그렇게 하는 이유는, 이익이 달린 문제이기 때문이다.

그러나 일부 직원들을 보면 외부고객에게는 깍듯이 잘하면서도 내부고객인 자기 회사의 부하직원이나 동료는 함부로 대하는 경향이 있다. 이는 대단한 착각이자 잘못이다.

가장이 회사에서 받은 스트레스를 집에서 풀게 되면 어떤가.

밖에서 스트레스를 받았다고 회사 직원들을 함부로 대하게 되면 어떻겠는가.

상사의 눈치를 보는 직원에게서는 아무것도 기대하기 어렵다. 마음의 상처는 생각보다 오래 지속되며 쉽게 치유되지도 않는다. 말 그대로 원한과 증오가 차곡차곡 쌓여가는 것이다.

부드러운 미소, 따뜻한 격려와 칭찬 한마디가 때로는 수백만 원의 보너스보다 반가울 때가 있다. 경영자나 간부 사원들은 말 한마디, 행동 하나라도 신중해야 한다.

나는 출근과 동시에 야간근로자가 근무하고 있는 현장을 찾는다. 이 직원들은 야간에 근무하고, 낮에는 퇴근해서 잠을 잔다.

야간근로자들을 만나면 밤새 문제점은 없었는지, 건강은 괜찮은지, 애로사항은 없는지 질문하고 나서 수고했다고 어깨를 두드려준다. 출장이라도 가는 날에는 야간근로자들이 내 안부를 궁금해 한다고 한다.

수시로 직원과 대화를 나누다보면 그만큼 가까워지고 가족처럼 각별해진다. 직급이 높다고, 나이가 많다고 직원을 누르려고 하면 자발적인 열정을 기대하기 어렵다. 인생의 선배이자 한솥밥을 먹는 동료로서 인간미를 발휘하는 것이 직원들의 잠재된 열정을 끄집어내는 기폭제가 된다.

존댓말을 써라

회사는 조직 사회이므로 직급이 우선이다. 그런데 직급이 낮으면서 나이가 많은 경우도 있다. 이때 종종 나이 많은 부하직원에게 반말을 하는 경우가 있다. 직급은 편의상 나눈 것임을 이해해야 한다. 어떤 사규에도 직급에 따라 반말을 할 수 있도록 규정된 것은 없다.

나이 많은 부하직원이나, 주부사원들에게 말을 함부로 하지 말자. 존댓말을 사용하면 한결 회사 분위기도 좋아지고 친근감이 생긴다. 직급은 일의 구분이지, 인격의 구분은 아니다. 구성원 모두가 한 발씩 양보해서 고운 말 쓰기, 존댓말 사용하기를 일상화한다면 한결 회사 분위기가 좋아질 것이다.

영업 관리에서 배우는
직원 관리의 기술

직원 관리를 어떻게 해야 하는지 궁금해 하는 분들이 참 많다. 그런데 재미있는 일은 리더라면 이미 직원 관리의 요령을 스스로 잘 알고 있다는 점이다. 고객을 대할 때 여러분은 어떻게 하는가? 만일 영업자가 고객을 대하듯이 경영자가 직원을 대할 수 있다면 직원 관리는 그것으로 충분하다고 생각한다.

우리가 여기서 배우려는 것은 영업 관리(고객 관리)의 일반적인 과정이 아니라 영업으로부터 어떤 점을 배워서 직원 관리에 응용할 것인가 하는 점이다.

영업은 크게 거래처 개척과 관리로 나뉜다. 기업 인사 역시 인력 충원(거래선 개척)과 직원 관리로 나눌 수 있다. 차이점이라면 영업은 거래선 개척이 중심이 되지만, 기업 인사는 직원 관리가 중심이 된다는 점이다. 그러나 영업자가 거래처를 개척하는 과정에는 직원 관리를 위한 다양한 아이디어가 숨어 있으므로 이 역시 간과할 수 없다.

세상 모든 일이 그렇듯이 영업에서 특별한 비법을 찾으려고 하는 것은 참으로 어리석은 짓이다. 우리가 알고 있는 영업만으로도 충분하나 단지 이를 실행하는 과정에서 자기에게 맞는 방식을 찾느냐, 못

찾느냐 하는 차이만 있을 뿐이다.

이제 신규 거래부터 하나씩 살펴보자.

1. 고객을 연구하듯, 직원에 대해 공부하라

신규 거래선 개척은 잠재 고객을 물색하고, 담당자를 찾아 연락하는 데서 시작한다. 그런데 담당직원은 만나기조차 힘들기 마련이다. 그만큼 공을 들여야 한다는 말이기도 하고, 그만큼 기회가 주어졌을 때 총력을 기울여야 한다는 뜻이기도 하다.

영업자들은 이런 사실을 잘 알기 때문에 최대한 예의를 갖추어서 담당자와 통화한다.

"안녕하십니까? 귀사에서 사용하고 있는 어느 제품의 전문제조업체에 근무하는 ○○○입니다. 만나 뵙고 회사를 잠깐 소개하고 싶습니다."

영업자들은 평균 몇 번 만에 약속을 잡을까? 영업자마다, 업종마다 천차만별이겠지만 한 달 내내 약속을 못 잡는 사람도 있다. 그러니 한 번의 기회가 주어졌을 때 이 영업자는 과연 어떤 마음가짐으로 준비에 임하겠는가?

영업자는 미팅 스케줄이 잡히면 자신이 만날 사람이 누구인지 관련 자료를 찾기 시작한다. 담당직원의 프로필은 어떤지, 상대가 몸담고 있는 업종에 대한 시황은 어떤지, 상대가 관심을 갖고 있는 분야는 무엇인지 가족도 모르는 정보까지 수소문하여 최대한 끌어 모은다.

사전 정보 없이 만났다가는 말문이 막히거나 분위기가 서먹해지기 마련. 그때그때 상황을 봐가면서 알고 있는 내용을 하나씩 꺼내면서 대화를 이어가는 것이 요령이다.

사전에 미팅 준비가 충실하다면 상대방도 영업자를 긍정적으로 기억한다. 반면 준비를 소홀히 하면 그만큼 신뢰는 떨어진다.

물론 한 번의 미팅으로 목적을 달성하는 경우는 드물다. 그래서 영업자는 이 말을 가슴에 새기고 산다.

"첫술에 배부를 수는 없다. 스텝 바이 스텝이다. 첫 만남에서 좋은 이미지를 각인시켜야 다음 미팅의 기회도 잡을 수 있다."

우리는 여기서 직원 관리를 위한 몇 가지 힌트를 얻을 수 있다.

● **영업에서 배우는 직원 관리 포인트** ㅣ

: 직원은 또 다른 고객이다.

: 직원은 자신의 소중한 시간을 내서 나와 대화하는 것이다.

: 직원이 사표를 내는 것은 나에게 큰 손해이다.

2. 직원의 잠재적 니즈에 항시 귀를 기울여라

"저 업체는 알아서 잘해준다."

거래업체로부터 이런 말을 들었다면 아마도 최고의 회사라고 자부해도 좋을 것이다. 그런데 무엇을 알아서 잘해준다는 말일까? 거래업체의 목표를 잘 이해하고, 그 목표를 달성할 수 있도록 돕는다는 말이다.

보일러 하나 들였는데 번번이 고장 나면 믿음이 안 가기 마련이다. 보일러에 대해서는 완전히 믿고 맡길 수 있을 때 '저 회사는 알아서 잘해준다.'는 말이 나온다. 그렇다면 어떻게 해야 고객의 신뢰를 이끌어낼 수 있을까? 영업자들은 이 경우 두 가지 방안을 제시한다.

첫째, 눈높이를 맞춰라.

거래를 맺고 있는 회사를 흔히 협력업체라고 부른다. 그런데 대기업과 협력 관계를 맺고 있는 중소기업이라면 어떨까? 중소기업 입장에서는 대기업의 시스템을 따라가기 어렵고, 부담스럽다. 또한 중소기업 입장에서도 자사의 협력업체로 또 다른 중소기업을 둘 수 있다. 이 경우 조직의 규모로 따지면 다음과 같은 구조를 이루게 된다.

대기업 ↔ 중소기업 ↔ 중소기업(납품업체)

협력업체들은 규모가 다르므로 시스템도 다르다. 이런 이유로 협력 관계는 근본적으로 오해가 생길 수밖에 없는 구조이다. 영업자들은 업체 간의 불필요한 오해를 줄이고 업무를 원만히 진행시키기 위해 노력한다.

이때 필요한 것이 눈높이 맞추기이다. 업무를 공유하고 상대 시스템을 배려하는 것이 핵심이다. 눈높이를 제대로 맞추지 못하면 대기업에서 '자전거'라고 말했는데 중소기업의 납품업체에서는 '비행기'

로 잘못 전달되게 된다.

물론 시스템과 규모만 알고 있다고 눈높이를 맞춘 것이 아니다. 도리어 눈높이의 핵심은 목표에 있다. 상대가 추구하고자 하는 목표를 잘 이해해야 한다.

둘째, 아이디어를 제공하라.

고객사 입장에서 보면 납품업체는 넘쳐난다. 거래를 텄다고 안심하고 있다가는 경쟁사에 밀려 언제 탈락할지 모른다. 반대로 경쟁력만 갖추고 있다면 언제든지 신규 거래를 틀 수 있다.

경쟁력의 기본은 QCD, 즉 품질, 단가, 납기이다. 그런데 요즘처럼 정보화 사회에서는 모든 정보가 인터넷을 통해 빠르게 공유된다. 품질, 단가, 납기만으로는 경쟁력을 높일 수 없다. 이처럼 치열한 시장에서 살아남기 위해서는 독창성이 있어야 한다. 독창성을 높이려면 어떻게 해야 하는가?

우선 적을 알아야 한다. 즉 우리 제품 혹은 서비스는, 경쟁사 제품 혹은 서비스와 무엇이 다른가? 우리 상품의 경쟁력은 무엇인가? 이를 위해 주기적으로 동종업체 시장 보고서를 작성하여 자사와 비교한다. 이는 손자병법의 '지피지기면 백전불태'라는 말 그대로이다. 즉 적을 알고 나를 알면 백 번 싸워도 절대 위태롭지 않다.

적을 알고 나를 알았으면 이번에는 독창적인 아이디어를 제공해야 한다. 치열한 시장에서 두각을 나타내기 위해서는 우리 회사만의 독특한 아이디어를 제안하여 경쟁력을 높여야 한다. 글로벌 무한경

쟁의 시대에 어느 기업이라도 경쟁력 있고, 독창성 있는 아이디어를
제시한다면 그 제안을 거절할 이유가 없다.

● **영업에서 배우는 직원 관리 포인트 II**

  : 기업을 일으키고 싶다면 먼저 직원의 니즈부터 충족시킨다.

  : 직원의 눈높이에 맞춰 생각한다.

  : 직원의 자기 개발을 적극 돕는다.

3. 고객 대하듯 직원과 대화하라

영업자가 담당직원과 대화를 나누는 과정은 그 형식이 어떻든 간
에 내용은 협상이 되기 마련이다. 협상이란 밀고 당기는 과정이요,
이는 철저히 말에 따라 이루어진다. 협상 비법을 밝히는 책들은 공
통적으로 협상을 주도해야 한다고 주장한다. 그렇다면 어떤 식으로
대화를 진행시켜야 협상을 유리하게 이끌 수 있을까?

상대의 말에 귀를 기울인다

영업 지침서에는 빠지지 않고 등장하는 말이다. 내 경우는 상대의
잠꼬대까지도 귀담아듣겠다는 자세를 갖춰야 한다고 말한다.

누군가의 옹알거리는 잠꼬대를 들으려면 어떻게 해야 하는가? 허
리를 숙이고 무릎을 꿇은 뒤 자신의 귀를 가까이 대지 않겠는가? 마
찬가지로 영업자들도 말 한마디 놓치지 않겠다는 자세로 상대의 말

을 온몸으로 경청해야 한다.

갑이니 을이니, 과장급이니 대리급이니 하면서 위치 따위를 생각하면 안 된다. 항시 고객과 만나고 있다는 생각을 염두에 두어야 한다.

귀를 세우고 있는 것은 교감을 나누겠다는 뜻이므로 상대로부터 신뢰를 얻을 수 있다. 또한 잘 듣고 있어야 때에 맞게 질문도 할 수 있고, 적절하게 맞장구도 칠 수 있다. 또한 상대에 대한 중요한 정보를 습득할 수 있는 좋은 기회이기도 하다.

대화가 끊어지지 않도록 한다

대화는 목적지까지 이르는 과정이다. 우리는 대화를 주고받는 가운데 조금씩 목적지에 가까워진다.

그런데 대화가 끊어지는 순간이 있다. 상대가 이 길이 옳은지 의심할 때이다. 상대 역시 유리하게 협상을 이끌어내는 것이 목적이므로 자기 목표를 달성하는 데 방해가 되는 문제가 나타나면 더 이상 대화를 진척시키지 않는다. 이 지점이 갈림길이다. 영업자는 상대의 목표를 방해하는 일이 무엇인지 유심히 관찰해야 하며 기왕이면 사전에 준비하여 즉각 대응책을 내놓아야 한다.

이는 단순히 비즈니스에만 적용되는 것이 아니라 거래처 담당자와의 모든 대화에서는 잊지 말아야 할 사항이다. 상대의 생각이나 느낌, 소망에 항시 주목하고 그에 맞는 말로 대화를 이어가도록 한다.

핵심 메시지를 간단명료하게 전한다

영업자는 메신저이면서 동시에 메신저에 그쳐서는 안 된다. 대개 회사 방침에 따라 협상의 폭이 결정되기 때문에 영업자가 할 수 있는 말은 한계가 따르기 마련이다. 그런 의미에서 영업자는 훌륭한 메신저가 되어야 한다. 따라서 핵심 메시지를 간결하게 전달하는 능력이 필수이다.

그러나 영업자는 단순히 메신저여서는 안 된다. 똑같은 한 쌍의 커플도 어떤 배경 앞에 서 있느냐에 따라 아름다운 연인이 되기도 하고, 어울리지 않는 연인이 되기도 한다. 마찬가지로 같은 말이더라도 딱딱한 분위기에서 전달하는 메시지와, 아늑하고 포근한 분위기에서 전달하는 메시지는 전달받는 사람의 입장에서 매우 다르게 들린다. 그런 점에서 영업자는 영사나 대사와 비슷하다. 화기애애한 분위기 속에서 대화를 이끌 수 있어야 한다.

● **영업에서 배우는 직원 관리 포인트 Ⅲ**
 : 직원의 사소한 말 한마디도 흘려듣지 않는다.
 : 직원이 직접 말로 표현하지 않으나 진정 바라고 있는 것이 무엇인지 파악하도록 노력한다.
 : 지시는 간결하고 명확하게, 대화는 따뜻하고 부드럽게 한다.

4. 신뢰 구축을 위한 5가지 방법

거래처 납품이 시작되었다고 해서 모든 게 끝났다고 생각하면 오산이다. 거래선도 인간관계와 같아서 안 보면 멀어지고, 멀어지면

잊힌다.

힘들게 고생해서 거래가 이루어졌는데 관리를 잘못해서 거래가 끊기다면 얼마나 바보 같은 짓인가? 이런 이유로 영업자들은 각자의 스타일에 맞게 거래선을 관리한다. 영업 관리란 곧 신뢰 쌓기이다.

만일 갑과 을의 관계로 맺어져 있다면 이는 곧 이해관계임을 뜻한다. 반면 신뢰 관계는 이해관계를 넘어선 새로운 관계 맺음이다. 신뢰 관계가 형성되면 전혀 생각지 않은 이득을 얻을 수도 있다. 신규 아이템이 추가된다든지 또 다른 기업을 소개받는다든지 당장 수치로 계산하기 어려운 장기적인 이익이 발생한다. 반대로 신뢰를 잃으면 거래 규모가 축소되기도 하고, 심지어 퇴출당하기도 한다.

그렇다면 신뢰를 쌓기 위해 영업자들은 어떤 노력을 경주할까?

첫째, 상대의 마음을 얻기 위해 노력한다.

영업자들의 한결 같은 고민은 사람의 마음을 어떻게 얻어야 하는가이다. 마음을 얻을 수 있다면 그 다음부터는 일사천리이기 때문이다. 그런데 어떤가. 돈이면 다 해결된다는 세상이지만 돈으로도 어쩔 수 없는 것이 사람의 마음 아닌가? 마음이란, 꺼내놓고 볼 수도 없고, 바꾸기도 어려운 법이다.

그러면 상대방의 마음을 얻기 위해서는 어떻게 해야 할까? 사고를 전환하자. 상대의 마음을 바꾸려고 하지 말고 내 마음을 상대에게 맞춘다. 상대를 나에게 맞추려고 하지 말고, 나를 상대에게 맞춘다. 나의 생각, 감정을 자제하고 상대방의 마음을 따라간다.

역지사지도 하지 않고 식사 몇 번 같이 했다거나 골프 몇 번 쳤다고 해서 내 사람이 되었다고 생각한다면 이는 이기주의적인 발상이고, 궁극적으로는 상대방의 마음도 얻지 못한다.

인간관계에서도 그렇겠지만, 기업 간의 신뢰 역시 일상의 사소한 일에서 서서히 쌓인다. 똑똑 떨어지는 한 방울의 물이 모여 단단한 바위를 뚫듯이 작은 약속 하나하나를 지키는 가운데 상대의 마음도 열린다. 신뢰를 쌓는 데는 비밀도 없고, 비법도 없다. 오직 실천만이 유일한 비법이다.

둘째, 약속은 반드시 지킨다.

사람은 약속 속에서 살아간다. 출퇴근 시간도 일종의 약속이다. 약속을 서로 소중히 여길 때 신뢰 관계가 형성된다.

상대방은 약속을 지키기 위해 급한 일도 뒤로 미루었는데 이쪽에서 특별한 이유도 없이 취소하거나 이행할 수 없다고 통보하면 어떻게 될까? '믿을 수 없는 사람'으로 낙인찍히는 것은 물론, 같은 일이 반복되면 그동안 유지했던 신뢰가 무너진다.

부득이 약속을 지키기 어려울 때는 사전에 연락을 취해 이유를 설명해야 하는데 이때도 듣는 사람이 납득할 수 있도록 설명해야 한다. 예를 들어 집에 불이 난 경우에는 별다른 설명을 하지 않더라도 상대가 수긍하지만, 장가도 안 간 총각에게 애를 돌보아야 한다는 식의 변명은 말 그대로 변명이 될 가능성이 크다.

물론 다들 약속의 소중함은 잘 알고 있다. 그런데 종종 약속을 어기는 이유는 당장 이익이 되지 않는다고 판단하기 때문이다. 실익이 눈에 보이지 않으면 그만큼 약속은 소홀히 취급되기 마련이고, 그래서 문득 잊게 된다.

"다음에 술이나 한잔하시죠."

당장 이익은 안 되니까 일단 말이나 이렇게 던져놓고 까마득히 잊는 경우가 비일비재하다. 나는 되도록 이런 공수표를 남발하지 않기 위해 노력한다. 만약 피치 못한 사정으로 후일을 기약해야 할 때는 그 자리에서 수첩을 꺼내 날짜를 확정한다. 내게는 그저 그런 인사치레가 아니기 때문이다. 그렇지 않으면 습관이 되어 정작 중요한 약속까지 어기는 경우가 있다.

고등학교 동창인 모 그룹 동경연구소 소장이 가끔 업무 차 한국에 오는데, 한번은 한국에 오면 술 한잔하자고 약속했다. 그날은 마침 지독한 감기몸살로 끙끙 앓고 있었다. 밤 10시경에 전화를 받았는데 쉬고 싶은 마음이 굴뚝같았다. 하지만 약속을 어기고 싶지 않았다. 그래서 의왕에 있는 자택에서 그가 묵고 있는 강남의 호텔까지 한달음에 달려갔다.

우리가 만난 시각은 밤 11시. 늦은 시간도 아랑곳하지 않고 소주잔을 기울이며 이야기꽃을 피웠고, 새벽 2시가 되어서야 자리를 파했다. 다음날 감기가 심해져 출근도 못했지만, 약속을 지켜서 다행이라고 생각했다.

사실 불가피한 약속도 많고, 사소한 약속을 일일이 지키다 보면 손해도 자주 보게 된다. 그러나 25년 근무 생활을 돌이켜 보면 약속만

큼은 철저히 지키는 것이, 도움이 되면 되었지 절대 해가 된 적은 없
다고 생각한다.

　눈앞의 이익을 택하는 것은 누구나 할 수 있는 일이지만, 약속을
지키는 일은 아무나 하는 일이 아니다. 이익이냐 신뢰냐 고민하지 말
자. 신뢰는 곧 장기적인 이익을 수반한다. 정말로 피치 못할 사정이
아니라면 약속은 꼭 지키자.

셋째, 상대의 부탁은 가능한 들어준다.

　인간관계에서 부탁만큼 곤란한 일도 드물 것이다.

　먼저 내가 상대에게 무언가 부탁할 일이 생겼을 경우를 가정해 보
자. 일단 부탁을 해도 되는 일인지 아닌지 신중히 따져야 한다. 상대
가 해결하기 어려운 일이거나 '되면 좋고, 안 되도 그만'이라는 식으
로 부탁할 심산이라면 애초에 말을 꺼내지 말아야 한다. 괜히 상대
를 떠보는 것처럼 여겨져 비위를 상하게 할 수 있다.

　부탁을 할 때는 말을 빙빙 돌리지 말고 본론을 딱 꼬집어 말해야
한다. 아무래도 부탁하는 입장에서는 말을 꺼내기 어려운 법이다.
그래서 말을 질질 끌다가 어렵사리 본론을 끄집어낸 뒤 장황하게 부
연 설명을 한다.

　그런데 이렇게 하면 부탁하는 내용이 무엇인지 상대가 헷갈릴 수
있고, 상대로서도 버거운 일이라면 이야기를 듣는 것 자체가 부담이
될 수 있다.

　또한 부탁할 때는 사안의 경중을 솔직하게 밝혀야 한다.

"이번 일은 사업상 꼭 필요한 일입니다. 은혜를 꼭 갚겠습니다."

"시일에 쫓기는 일은 아니니 무리하게 처리할 필요는 없습니다."

이런 식으로 사안의 중요성을 짚어주면 부탁받은 입장에서도 그에 맞춰서 일을 진행할 수 있으므로 부담이 덜하다.

그렇다면 반대의 경우, 즉 상대가 내게 부탁하는 경우는 어떨까?

누군가의 부탁을 받았다면 '오죽 긴박했으면 나한테까지 부탁을 하겠는가?' 하고 상대의 절박한 심정을 이해해야 한다. 스스로 해결하기 어려울 만큼 어려움에 직면했기 때문에 남에게 부탁하는 것이다.

누군가 내게 부탁을 했다는 것은 그만큼 나를 신뢰하고 있다는 증거이다. 따라서 귀찮게 여기기보다는 상대가 나를 믿고 있다는 사실에 감사해야 한다.

만일 여러분이 해결할 수 있는 문제라면 성심을 다해 도와라. 도와준다고 큰소리 뻥뻥 쳐놓고 적당한 선에서 그치는 것은, 돕지 않는 것만 못하다. 도리어 상대를 더욱 곤란한 지경에 빠뜨릴 수 있어 자칫 신뢰를 잃을지 모른다.

막상 부탁받은 일을 해결하다 보면 상황이 여의치 않아 더 이상 손을 쓸 수 없는 경우도 생긴다. 그럴 때는 자신이 처한 상황을 있는 그대로 밝혀야 한다. 그래야 상대도 괜한 추측으로 상처받지 않고 다른 전략을 짤 수 있다. '최선을 다했는데 어렵더라.'라는 말은 도움이 되지 못하니 아예 입 밖에 내지 않는 게 좋다. 차라리 '도움이 못돼서 미안하다.'라는 말과 함께 격려하는 편이 낫다.

누군가에게 부탁을 하든, 누군가에게 부탁을 받든 서로 도움을 주고받는 관계는 이미 소중한 인간관계임을 방증하는 것이다. 부탁을 하거나 도움을 줄 때는 상대의 입장을 충분히 파악해서 난처하지 않도록, 서로에게 이익이 되도록 최선을 다해야 한다. 그렇게 해야 서로가 부탁을 들어주지 못했을 때에도 감사와 격려의 마음을 나눠 더욱 탄탄한 인간관계로 발전하는 것이다.

넷째, 경조사에 빠지지 않는다.

영업자뿐 아니라 대부분의 직장인에게 경조사 참여는 거의 의무처럼 인식되어 있다. 사람에게 가족만큼 소중한 것도 없기 때문이다. 그런 이유로 사람들은 자신의 가족을 보살피는 사람에게 신뢰를 느끼기 마련이다.

경조사는 매우 다양하다. 우선 결혼식, 돌잔치, 회갑잔치, 칠순잔치, 부모님 상은 가족의 대사로, 매우 중요하다. 이밖에도 상급학교 진학, 대입시험, 취업, 임신 및 출산, 진급, 창업 등도 의미 있는 경사다.

이 가운데 부모님 상(喪)은 꼭 신경 써야 한다. 사람은 기쁜 날 축하를 받는 것보다 힘들고 슬플 때 위로받는 것을 더 기억한다. 요즘 같으면 명예퇴직도 조사에 포함된다고 볼 수 있다. 나는 이런 경우 가급적 빨리 찾아가서 위로와 격려의 말을 건네고 향후 거취에 대해 함께 의논한다.

불가피한 사정이 있다면 가족이나 절친한 사람을 대신 보내고, 그마저 여의치 않을 때는 전화 통화라도 한다. 혹여 제때 소식을 접하지 못했다면 나중에라도 전화를 걸어 인사를 건네고 경조비를 보내는 것이 좋다. 나아가 이럴 때를 대비해 소식을 전달해줄 통로를 만들어놓도록 한다. 이 또한 나의 인간관계를 증명하는 하나의 지표다.

다섯째, 은혜를 저버리지 않는다.

개구리 올챙이 적 생각 못한다는 속담이 있다. 사람들은 힘든 시절을 넘기고 나면 자신이 잘해서 지금에 이르렀다고 믿는 경향이 있다.

그러나 잠시만 뒤돌아보면 오늘의 내가 있기까지 직간접적으로 도움을 주신 분들이 많다. 상사는 상사대로, 부하는 부하직원대로 음으로, 양으로 앞에서 당겨주고, 뒤에서 밀어주어 자리를 잡아간다. 대부분 자신이 힘들었을 때 도움이 되었던 사람만 기억하는 경향이 있으나, 자신을 채찍질한 사람 역시 도움이 되었음을 잊지 말아야 한다. 그가 없었더라면 아마도 우리는 온실 속 화초가 되어 더 큰 시련 앞에서 주저앉았을지도 모를 일이다.

꼭 물질적인 보답이 전부는 아니다. 적당한 시기에 전화 한 통 드리고, 식사 한 번 함께 하면서 문안인사를 드리는 것이 중요하다.

사람들은 도움받은 것은 잘 잊어도 도움을 준 것은 잘 기억하는 습성이 있다. 상대는 나를 열심히 도와주었다고 생각하고 있는데 나는 상대의 도움이 별로 크지 않았다고 여기고 그냥 지나치게 되면 상대방은 나를 은혜도 모르는 사람으로 여기게 된다. 인생은 돌고 도는 것이다. 내가 지금 양지에 있다고 하더라도 언제 다시 길고 긴 터널 속으로 들어갈지 모르는 일이다.

　은혜를 갚는 것이 결국 자신에게 도움이 될 것이라는 말을 하고 싶은 것은 아니다. 성공이라는 것은 '도움이 되는 사람, 도움이 안 되는 사람'을 가리는 중에 얻는 것이 아니다. 만나는 모든 사람이 인연으로 맺어졌음을 이해해야 한다. 우리는 누가 우리에게 진정한 도움을 주는지 정확히 평가하지 못한다.

● **영업에서 배우는 직원 관리 포인트 Ⅳ**

　: 직원의 마음을 얻기 위해 항시 노력한다.

　: 직원과의 약속은 철저히 지킨다.

　: 직원이 어렵게 꺼낸 부탁의 한마디는 꼭 들어준다.

　: 직원의 경조사에는 절대 빠지지 않는다.

　: 직원 덕분에 내가 여기까지 왔음을 항상 기억한다.

성과를 내는 기술

초판 2쇄 발행 | 2010년 6월 1일

지은이 김기남
펴낸이 김재현,이상용
펴낸 곳 (주)지식공간

출판등록 2009년 10월 14일 제300-2009-126호
주소 서울 종로구 신문로 1가 25번지 정우빌딩 507호
전화 734-0981
메일 editor@jspace.co.kr
홈페이지 www.jspace.co.kr
ISBN 978-89-963482-1-4-03320